"十三五"国家重点出版物出版规划项目·重大出版工程规划
中国工程院重大咨询项目成果文库
推动能源生产和消费革命战略研究系列丛书
（第二辑）

丛书主编　谢克昌

西部清洁能源发展战略研究

黄其励　倪维斗　王伟胜　等　编著

科学出版社

北　京

内 容 简 介

本书研究我国陕西、甘肃、青海、宁夏、新疆、内蒙古西部、四川、西藏、重庆、云南、贵州、广西等西部12个省（区、市、地区）的清洁能源发展战略，主要清洁能源种类包括风能、太阳能、水能、生物质能、地热能和核能。在调研西部清洁能源资源储量和开发利用现状的基础上，研究分析西部地区清洁能源发展的机遇和挑战，并在全面建成小康社会和"一带一路"倡议背景下，分析国家对西部能源基地战略需求。研究提出西部清洁能源发展的定位与战略思路，根据各清洁能源的特点提出各自的发展模式和推动我国西部清洁能源科学开发利用的技术路线图。

本书可供国家能源系统管理者和清洁能源发展战略规划制定者参考使用，也可供从事清洁能源发展的科研工作者参考，还可供相关专业师生阅读。

图书在版编目（CIP）数据

西部清洁能源发展战略研究 / 黄其励等编著. —北京：科学出版社，2019.2

（推动能源生产和消费革命战略研究系列丛书 / 谢克昌主编. 第二辑）

"十三五"国家重点出版物出版规划项目·重大出版工程规划

中国工程院重大咨询项目成果文库

ISBN 978-7-03-060405-7

Ⅰ. ①西… Ⅱ. ①黄… Ⅲ. ①无污染能源-能源发展-研究-西北地区 ②无污染能源-能源发展-研究-西南地区 Ⅳ. ①F426.2

中国版本图书馆 CIP 数据核字（2019）第 008911 号

责任编辑：陶 璇 / 责任校对：张怡君
责任印制：霍 兵 / 封面设计：正典设计

科学出版社 出版
北京东黄城根北街16号
邮政编码：100717
http://www.sciencep.com

北京画中画印刷有限公司 印刷
科学出版社发行 各地新华书店经销

*

2019年2月第 一 版　开本：720×1000　1/16
2019年2月第一次印刷　印张：6 3/4
字数：140 000

定价：98.00 元
（如有印装质量问题，我社负责调换）

推动能源生产和消费革命战略研究系列丛书
（第二辑）
编委会成员名单

项目顾问

徐匡迪	中国工程院	第十届全国政协副主席、中国工程院主席团名誉主席、原院长、院士
周　济	中国工程院	中国工程院主席团名誉主席、原院长、院士

项目负责人

谢克昌	中国工程院	原副院长、院士
彭苏萍	中国工程院	院士

课题负责人

第1课题	中国农村能源革命与分布式低碳能源发展	杜祥琬
第2课题	农村能源技术领域的若干重大问题分析	倪维斗
第3课题	农村能源供给绿色化及用能清洁化与便利化	陈　勇
第4课题	西部地区油气发展战略研究	赵文智
第5课题	西部煤炭资源清洁高效利用发展战略研究	彭苏萍
第6课题	西部清洁能源发展战略	黄其励、倪维斗
第7课题	"一带一路"能源合作与西部能源大通道建设	黄维和
第8课题	中国农村、西部与"一带一路"能源生产与消费知识系统建设	谢克昌
综合课题	农村能源革命和西部能源发展战略思路与举措	谢克昌

西部清洁能源发展战略研究
编委会成员名单

综合组

王伟胜　石定寰　周宏春　高　虎　石文辉　屈姬贤

风能组

朱　蓉　王伟胜　王　阳　马文通　张晓东　刘　河　杨炯明　刘昌义

太阳能组

王志峰　张晓丹　梅生伟　刘维一　赵　颖　詹　晶　薛小代　张剑寒

水能组

钱钢粮　魏小婉　韩　冬　罗洋涛　向　军　徐　文　卢　敏　王　娟
李　亮　周鹏程　陈　革　柏　睿　周　林

生物质能组

赵立欣　丛宏斌　霍丽丽　冯　晶　姚宗路

地热组

多　吉　王贵玲　何雨江

电网组

王耀华　黄　瀚　张　克　周保荣　张晋芳　田　丰　郑　宽

核能组

苏　罡　叶奇蓁　管永涛　李毅男　郭　晴

序 一

能源是国家经济社会发展的重要基础，事关我国现代化建设的全局。2014年以来习近平总书记关于推动能源生产与消费革命的一系列指示和要求，为我国能源发展指明了方向。农村是我国全面建成小康社会任务最艰巨最繁重的地区，农村能源革命直接关系全国能源生产与消费革命的成败，西部地区在我国经济社会发展和能源生产与消费方面处于特殊地位，本身也面临不少突出的矛盾和问题，推动西部地区和农村地区的能源生产与消费革命具有重要意义。

为积极推进我国农村和西部地区能源生产与消费革命，中国工程院在2013年启动、2015年完成"推动能源生产和消费革命战略研究"（一期）重大咨询项目后，及时将农村能源革命与西部能源发展作为第二期重大项目开展后续研究。研究工作紧紧立足我国农村地区和西部地区的发展实际，全面贯彻近几年来关于农村发展、区域发展、"一带一路"能源合作等一系列最新政策，充分利用先期取得的成果和结论，围绕农村和西部地区能源生产与消费革命，认真分析突出的矛盾和问题，从多个方面开展针对性研究，努力化解特殊矛盾，解决各种具体问题，基本形成农村地区和西部地区推进能源生产与消费革命的总体思路，提出一系列重大举措。本丛书是第二期项目研究的最终成果，对指导农村地区和西部地区能源生产与消费革命具有积极意义，可供有关领导和部门参考。

参与第二期项目的各位院士和专家，有不少参与过第一期项目，也有许多是第二期项目研究过程中才加入的，大家高度负责、发挥优势、精诚协作，为完成项目研究任务做出了积极的贡献。

推动能源生产与消费革命任重道远。党的十九大明确开启全面建设社会主义现代化国家新征程，提出我国经济已由高速增长阶段转向高质量发展阶段，这为推动能源生产与消费革命提出了新的要求。中国工程院作为国家高端智库，将在第一期和第二期研究工作的基础上，进一步结合新的形势和要求继续开展相关研究，力争为党中央和政府部门进行科学决策提供强有力的支撑。

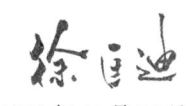

徐匡迪

2018年11月17日

序 二

能源是经济社会发展的动力来源，更是人类社会赖以生存的物质基础。当今世界，自18世纪西方的工业革命以来，化石能源一直是人类的主体能源。化石能源的大量使用，带来生态、环境和气候等领域的一系列问题，主动应对挑战，加快能源转型，实现清洁低碳发展已成为世界范围内的自觉行为和基本共识。面对由页岩油气引发的能源供需格局新变化、国际能源发展新趋势，我国必须加快推进能源生产和消费革命，保障国家能源安全。

新时代提出新要求，实施"一带一路"建设、京津冀协同发展战略、长江经济带发展战略，推进新型城镇化，实施乡村振兴战略，建设美丽中国、美丽乡村，为推进能源革命构筑广阔舞台。其中，能源合作是"一带一路"建设的重要支点，而西部地区又是我国能源国际合作的重要战略通道承载地和桥头堡。在确保经济有效和安全的能源转型过程中，不仅在国家之间，而且在富裕和贫困地区之间都应坚持公平和可持续发展的原则，我国要"全面建成小康社会最艰巨最繁重的任务在农村，特别是在贫困地区"[1]。而农村能源作为我国能源的重要组成部分，是实现农村全面小康的物质基础，推进农村能源革命，实现能源供应清洁化、便利化是建设美丽乡村的必然要求，农村能源革命的成败也直接关系到全国能源革命的成败。

为更好地服务"一带一路"建设和推进能源革命战略，必须结合我国能源开发利用总体战略布局，立足我国西部能源资源丰富、种类齐全但开发利用不合理、环境脆弱、经济落后，特别是农村能源结构不合理、消费不科学、人均用量少的实际，以习近平总书记对能源生产和消费革命的系统阐述为基本遵循，以推动农村能源革命和加速西部能源科学开发利用为重点，开展战略咨询研究，这既是破除城乡二元体制全面加速我国城镇化建设的必然要求，也是全面建成小康社会的战略需求。

作为中国工程科学技术界的最高荣誉性、咨询性学术机构，中国工程院为及时通过战略研究支撑国家科学决策，于2013年5月启动了由谢克昌院士负责的"推动能源生产和消费革命战略研究"重大咨询项目系列研究。一期研究提出能源革

---

[1] http://sc.people.com.cn/n2/2016/0118/c365889-27568771.html。

命的战略思路、目标重点、技术路线图和政策建议。基于一期研究中发现的能源革命深层次问题，项目组认为要加强"一带一路"能源合作和农村能源革命的研究。因此，中国工程院于2015年10月又启动了"推动能源生产和消费革命战略研究"项目的二期工作。二期项目由中国工程院徐匡迪主席和时任院长周济院士担任顾问，下设九个课题，分别由能源领域相关专业的院士担任课题组长。来自科研院所、高等院校和大型能源企业共计300多名专家、学者参与研究及相关工作，其中院士36位。项目组力求通过该项目的研究，以"农村能源革命与西部能源发展"为研究重点，紧紧把握能源生产和消费革命及"一带一路"倡议的重要战略机遇，结合我国能源开发利用总体战略布局，进一步完善国家农村及西部能源战略，为中长期国家西部及农村能源发展规划提供切实可行的政策建议。项目研究按照"服务决策、适度超前"的原则，坚持咨询研究的战略性、时效性、可行性、独立性，历时两年半，经过广泛的专家讨论、现场调研、深入分析、成果交流和征求意见，最终形成一份项目综合报告和七份课题报告并出版成册。

《农村能源革命与西部能源发展战略研究（综合卷）》由中国工程院谢克昌院士领衔，在对八个课题报告进行深入总结、集中凝练和系统提高的基础上，提出新形势下要按照"供需协调、洁煤治霾、扬电引气、优化结构、创新驱动、多能互补，服务支撑、绿色高效，市场运作、政策保障"的总体原则进行农村能源革命。通过控制散煤利用推进农村煤炭消费方式变革、创新发展模式推进农村可再生能源开发利用、构建能源网络推进农村能源向清洁电力和燃气发展、强化节能环保推进农村能源综合服务体系建设，实现我国农村能源革命战略目标：2020年，基本建成适应农村全面小康社会需要的清洁、便利、安全、有效的能源供需体系；2035年，初步建成清洁、低碳、安全、高效的新型农村能源体系；2050年，建成城乡一体化、城乡平等的清洁、低碳、安全、高效的能源体系，实现能源强国的目标。关于我国西部能源和"一带一路"能源合作要遵循"生态优先、清洁高效、科学有序、常非并重、互利共赢"的原则，提出"三步走"发展战略目标，最终实现煤炭清洁高效可持续开发利用、石油稳定发展、天然气倍增发展、清洁能源科学有序发展，将西部地区建成我国重要的煤炭、清洁能源、油气能源基地，同时，西部能源大通道要成为我国东、西部地区能源供需和"一带一路"能源合作的重要纽带，助力西部地区成为我国能源安全的重要保障。

《中国农村能源革命与分布式低碳能源发展战略研究》由杜祥琬院士牵头，主要总结发达国家农村能源发展的经验和教训，深度调研我国农村能源利用的现状、存在的问题，研究我国农村能源发展的方向、分布式低碳能源发展前景等。紧密结合我国新型城镇化和农业现代化建设的要求，提出我国农村能源革命和建设分布式低碳能源网络的政策、措施和建议。

《农村能源技术领域的若干重大问题分析》由倪维斗院士牵头，主要调查我国农村能源技术发展现状、潜力，分析农村能源革命的关键技术及产业化、规模化应用的技术路线图，提出我国农村能源发展应以可持续发展为理念。以解决"三农"问题和实现城乡一体化发展为导向，实施"农村低碳能源替代工程"。尽快全面深化政策、金融等方面的体制、机制改革，从建筑节能、生物质能源利用和多能协同利用等多个方面着手，力争早日构建因地制宜、多能互补的创新型农村能源技术体系。

《农村能源供给绿色化及用能清洁化与便利化》由陈勇院士牵头，结合我国新农村建设和新型城镇化发展，分析我国农村能源供给侧发展现状和终端用能消费现状，预测未来供给能力和消费需求，分析供给绿色化的可行性，明确农村能源未来的发展方向和目标，并提出进一步深入讨论其经济效益、管理模式、关键技术及产业化，为我国农村能源供给利用方法提供宏观决策建议。

《西部油气发展战略研究》由赵文智院士牵头，主要分析我国西部油气资源储量和开发利用现状，从西部地区剩余油气资源潜力与重点勘探方向、西部地区油气开发利用趋势与技术创新支撑体系、新疆成为国家大型油气生产加工与储备基地的可行性、西部地区油气发展战略与路线图四个方面全面分析西部地区油气资源潜力、勘探发现规律与储量增长趋势、开发利用前景。论证西部（新疆）建设国家大型油气基地以及新疆成为国家大型油气生产加工与储备基地的可行性，提出我国西部能源油气资源发展战略及其相应政策建议。

《西部煤炭资源清洁高效利用发展战略研究》由彭苏萍院士牵头，主要研究我国西部内蒙古、陕西、甘肃、宁夏、新疆五省区煤炭清洁高效利用的战略问题，调查我国西部煤炭资源储量和开发利用现状，论证西部（新疆）建设国家煤炭-煤电-煤化工基地的可行性。总结提出西部煤炭资源清洁高效利用的战略思路和发展目标、重点任务与实施路径及措施建议。

《西部清洁能源发展战略研究》由黄其励院士和倪维斗院士牵头，主要研究新疆、青海、西藏、内蒙古和云南等西部地区的风能、太阳能（光伏、光热）、水能、地热能、生物质能等清洁能源储量和开发利用现状。在全面建成小康社会和推进"一带一路"建设背景下，分析国家对西部能源基地的战略需求，总结提出西部清洁能源发展的战略思路和关键技术需求。同时，分析未来10年将新疆、青海、甘肃等地建设成为国家重要风能和太阳能发电基地，将西藏、四川和云南等地建设成为国家重要水能发电能源基地，以及将西部地区建设成分布式利用清洁能源示范地区的可行性。

《"一带一路"能源合作与西部能源大通道建设战略研究》由黄维和院士牵头，主要研究"一带一路"能源合作基础、风险和存在的问题，提出"一带一路"未来能源合作战略；研判我国东、西部能源未来供需规模和流向，以及我国未来西部到东部能源流向总体规模。结合西部能源通道现状和存在问题分析我国油气、煤炭和电力等能源不同运输方式的经济性，首次提出我国西部综合能源大通道构建战略旨在实现"横向多能互补，纵向优化配置"的能源互联网架构。最后提出我国未来"一带一路"能源合作与西部能源大通道构建的政策建议。

  "推动能源生产和消费革命战略研究系列丛书（第二辑）"是我国能源领域广大院士和专家集体智慧的结晶。一些重要研究成果已经及时上报中央和国家有关部门，并在能源规划政策中被采纳。作为项目负责人，值此丛书出版之际，对参加研究的各位院士和专家的辛勤付出深表谢意！需要说明的是，推动能源生产和消费革命是一项长期战略，目前项目组新老成员已在第一期和第二期研究成果的基础上启动第三期项目研究。希望项目研究团队继续努力，再接再厉，乘胜而为，在"推动能源生产和消费革命战略研究"（三期）中取得新业绩，以科学的咨询支撑国家能源发展的科学决策，助力我国能源经济社会的可持续发展。

中国工程院
"推动能源生产和消费革命战略研究"
系列重大咨询项目负责人

2018 年 11 月

前　言

　　西部地区包括陕西、甘肃、青海、宁夏、新疆、内蒙古西部、四川、西藏、重庆、云南、贵州、广西等12个省（区、市、地区）。西部地区土地面积615万平方千米，占全国总面积的64%，人口约3.8亿（2017年），占全国总人口的27%。西部地区风能、太阳能、水能等清洁能源资源十分丰富，拥有我国78%的风能资源技术开发量、98.7%（考虑太阳能资源和土地可利用条件下）的光伏资源技术开发量、接近100%的光热资源技术开发量、80%以上的水能资源技术开发量、高达150亿吨标准煤的高温地热资源和5 000亿吨标准煤的中低温地热资源，其中西藏地区居我国地热能储量的榜首。西部地区具备建设成为我国清洁能源发电基地的资源禀赋。

　　西部能源开发是我国经济社会发展的动力源，也是国际能源合作的重要战略通道承载地和桥头堡。将西部地区打造成为我国重要的清洁能源发电基地，破解一系列关键技术和管理问题以及政策机制障碍，对于保障我国能源安全、改善我国能源结构、发展西部经济、促进全国终端能源清洁度的提高具有重要意义。通过本书研究，形成以下主要研究结论：

　　（1）西部地区清洁能源发展处于历史机遇期，国家转变能源结构和产业优化升级势在必行，清洁能源是西部经济社会发展的支柱产业，科技创新和技术进步助推西部清洁能源发展，并可促进国际能源合作日趋深化。

　　（2）西部清洁能源发展面临巨大挑战：由于电力系统调峰能力不足、负荷增长放缓、装机增长速度和西部自身消纳能力增加不匹配、跨省跨区输电能力不足、全国电力市场没有形成，以及相关政策机制尚需健全等原因，西部清洁能源消纳困难，"三弃"（弃风、弃光、弃水）问题严重；目前风电、太阳能发电造价和发电成本虽然持续下降，但仍需补贴；此外，关于清洁能源开发对生态环境的影响，缺乏系统性研究。

　　（3）西部清洁能源发展的战略目标：到2020年、2035年和2050年，西部清洁能源装机容量将分别达到3.4亿千瓦、6.9亿千瓦和9.3亿千瓦，占全国总装机的17.7%、25.1%和32.5%，将分别满足全国7.4%、12.5%和17.5%的电力需求。西部地区将逐步实现风能、太阳能、水能、地热能及生物质能等多种能源的综合利用和梯级利用,将清洁能源和传统能源深度融合,构建低碳能源体系,实现由能源向资源利用的转换,基本解决"三弃"问题,成为全国清洁能源利用的典范。

(4)西部清洁能源的发展及利用方式应以发电为主、其他利用方式为辅,定位为建设成为我国重要的清洁能源发电基地。西部清洁能源发展需要结合西部各省区清洁能源的资源禀赋特性,因地制宜、因能制宜,坚持统一规划、有序实施,形成基地开发与分布式开发并举及能源输出与就地消纳并举的发展模式,同时与优化西部地区能源基础设施布局、推动西部地区传统产业转型升级、创新西部地区可再生能源发展方式、建设西部地区绿色文明宜居城市乡村紧密结合。

(5)为使西部清洁能源健康快速发展,应加强以高比例清洁能源发电消纳利用为中心的统筹规划,包括清洁能源与消纳市场、清洁能源与其他能源、清洁能源与电网发展的规划,同时通过建立有利于清洁能源消纳的市场化机制、加强调峰电源建设和管理、合理控制供热机组和自备电厂发展规模、明确自备电厂要参与系统调峰、增强多能互补与综合利用、研发和推广不同类型储能应用等手段,促进西部清洁能源的高效消纳。

(6)根据各种清洁能源的资源分布情况、技术特点和技术水平,西部地区应优先发展风电、太阳能和水电,因地制宜地发展生物质能和地热能,并根据西部地区用能特点探索核电合理化利用方式。应通过技术进一步降低风力发电和太阳能发电成本,提高风电、太阳能发电电网友好性和智能化,重视光伏光热综合发展;在保护生态环境的前提下积极发展水电,加强"西电东送";以液体燃料开发为重点,梯级利用生物质能;利用西部地热资源优势,积极推进高温地热发电;探索核能的池式低温供暖示范工程,并重视多能种之间的统筹协调发展。

(7)我国清洁能源发展呈现集中开发为主、分布式开发为辅、就地消纳和跨区输送并重的特点,西部清洁能源应推动基地和分布式双轮发展;西部弃风、弃光、弃水问题严峻,应加快市场机制建设,建设全国统一电力市场,通过市场手段解决清洁能源消纳难题;西部清洁能源发展应积极寻求"一带一路"国际合作。

(8)提出西部地区清洁能源重点发展技术。风能利用方面包括资源评估和功率预测、整机技术、试验检测和智能运维,以及环境和电网友好型技术。太阳能方面包括光伏电池组件技术、逆变器技术、系统管控技术、大型光伏高压直流并网技术。水能方面包括流域水情预报、联合优化调度技术。生物质方面包括非食用植物油料制备生物柴油关键技术、大型生物质热解液化(多联产)技术与装备、低能耗低成本生物油提质改性关键技术、纤维素醇类燃料制备与生物炼制关键技术、高产油料能源植物规模化定向培育技术和燃煤耦合发电关键技术。地热方面包括高温地热勘探和钻井技术、地热梯级综合开发利用集成核心技术、地热多能耦合发电技术、干热岩和油田地热电站建设核心技术。清洁能源消纳包括储能技术和电网技术,其中,储能技术包括压缩空气储能、化学电池储能、超级电容器电磁储能等；电网技术包括大容量远距离输电规划与运行控制技术、主动配电网技术、大电网安全稳定调控技术、多元用户供需互动用电技术。

（9）提出西部地区清洁能源发展建议如下：①重大工程建议。甘肃酒泉风电基地跨省消纳及外送工程；青海海西太阳能基地消纳及外送工程；川滇藏大水电基地开发和全国市场消纳利用工程、高度电气化智慧能源生态示范城市——甘肃敦煌等。②科技攻关建议。高效率低成本太阳能电池技术；陆上风电机组整机技术；多能种的规模化储能技术；高比例可再生能源电力系统安全运行技术；多种清洁能源协调互补发展技术；电力气象及清洁能源发电功率预测技术；风电、光伏基地智能运维技术；生物质液体燃料和人工光伏技术；可再生能源发电基地直流外送系统的稳定控制关键技术等。③政策建议。重视西部清洁能源消纳问题，通过有序发展各类电源、加强调峰电源管理、建立市场机制、优化可再生能源的补贴等措施，提高清洁能源消纳能力；建设西部清洁能源开发和智能电网国家级开放实验室，加强人才培养、合作，以及与全国人才共享制度；试点建设西部清洁能源发展特区；在"一带一路"倡议背景下，建立清洁能源合作战略政策；扩大能源扶贫自强政策，带动西部经济社会发展；建立以发展清洁能源为核心的考核政策和保障性机制等。

目 录

1 绪论 ··· 1
   1.1 课题背景及意义 ·· 1
   1.2 研究主要内容和目标 ·· 2
2 西部地区清洁能源概况 ··· 4
   2.1 风能 ··· 5
   2.2 太阳能 ··· 9
   2.3 水能 ··· 12
   2.4 生物质能 ·· 14
   2.5 地热能 ··· 19
   2.6 核能 ··· 22
   2.7 小结 ··· 23
3 西部地区清洁能源发展的机遇和挑战 ··· 24
   3.1 西部清洁能源未来发展的机遇 ·· 24
   3.2 西部清洁能源发展存在的挑战 ·· 29
   3.3 小结 ··· 33
4 西部地区清洁能源定位与发展战略 ··· 34
   4.1 西部地区清洁能源定位 ·· 34
   4.2 西部地区清洁能源发展模式 ·· 38
   4.3 西部地区清洁能源发展思路 ·· 45
   4.4 小结 ··· 49
5 西部地区清洁能源发展技术和产业发展路线图 ····································· 51
   5.1 风能技术发展路线图 ·· 51
   5.2 太阳能技术发展路线图 ·· 54
   5.3 水能技术发展路线图 ·· 58
   5.4 生物质能产业发展路线图 ·· 61
   5.5 地热能技术发展路线图 ·· 64
   5.6 核能技术发展路线图 ·· 67

  5.7 支撑清洁能源消纳路线图 70
  5.8 小结 74
6 西部地区清洁能源发展建议 76
  6.1 重大工程建议 76
  6.2 科技攻关建议 77
  6.3 政策建议 81
参考文献 84
附录 86

1 绪 论

1.1 课题背景及意义

由于过度使用和依赖化石能源，世界能源发展面临着资源紧张、环境污染、气候变化等严峻挑战。联合国政府间气候变化专门委员会(Intergovernmental Panel on Climate Change，IPCC)、国际能源署(International Energy Agency，IEA)和国际可再生能源署(International Renewable Energy Agency，IRENA)等机构的报告均指出，可再生能源是实现应对气候变化的重要措施。90%以上的联合国气候变化《巴黎协定》签约方都设定了可再生能源发展目标。欧盟以及美国、日本、英国等发达国家和地区都把发展可再生能源作为温室气体减排的重要措施。以风能、太阳能等清洁能源替代传统化石能源已成为重要的世界能源发展趋势，全球能源正朝着清洁、高效、低碳、可持续的方向发展。

我国是世界上最大的能源生产国和消费国，形成了煤炭、电力、油气、核能、可再生能源全面发展的能源供给体系，技术装备水平明显提高，生产生活用能条件显著改善。尽管我国能源产业发展取得了巨大成绩，但也面临着能源结构不合理、能源利用效率不高、能源生产和消费对生态环境损害严重、能源技术水平总体落后等挑战。"安全、高效、低碳"集中体现了现代能源技术的特点，也是抢占未来能源技术制高点的主要方向。为积极应对未来能源发展趋势，美国能源部发布了名为《风电视角：美国风电新纪元》的报告，欧盟提出了一套能源系统改革计划，以欧美发达国家为首的世界各国已投入巨资和热情推动能源革命。面对能源供需格局新变化、国际能源发展新趋势，2014年6月13日，习近平总书记主持召开中央财经领导小组第六次会议，研究能源安全问题，明确提出我国能源安全发展的"四个革命、一个合作"战略思想，即：推动能源消费革命，抑制不合理能源消费；推动能源供给革命，建立多元供应体系；推动能源技术革命，带动产业升级；推动能源体制革命，打通能源发展快车道；全方位加强国际合作，实现开放条件下能源安全[1]。

---

① 新常态下能源体制变革路线图．http://sd.people.com.cn/n/2015/0603/c172829-25106776.html，2015-06-03。

我国可再生能源储量丰富，近年来可再生能源装备制造业发展十分迅速，可再生能源已具备成为未来主流能源的资源和设备条件，尤其是在地域广阔的西部地区，清洁能源资源十分丰富。我国西部12省（区、市、地区）土地面积615万平方千米，约占全国总面积的64%。截至2016年底，西部12省（区、市、地区）总人口约占全国的27.1%，GDP（国内生产总值）（含蒙东）约占全国的21%，总电源装机约53 850万千瓦，约占全国总装机的32.7%。其中，清洁能源（包括水、风、太阳能、地热、生物质、核能）发电装机容量约32 637.3万千瓦，占全国清洁能源装机容量的60.6%；西部地区全社会用电量约占全国的26%，发电量约占全国的33%[①]。

西部地区清洁能源资源十分丰富，风能资源技术开发量全国占比达到78%；在考虑太阳能资源和土地可利用的条件下，西部地区光伏资源技术开发量全国占比将达到98.7%，光热资源技术开发量全国占比接近100%；我国80%以上水能资源分布在西南部分省区。因此，西部地区在保障我国能源安全和改善我国能源结构中理应承担更重要的角色。但与此同时，2/3以上的能源需求集中在中东部，西部地区面临着就地用电负荷小、与我国中东部电力负荷中心距离远、大规模清洁能源开发需要远距离外送和消纳利用等问题。

因此，研究我国西部清洁能源如何科学定位与可持续发展，破解一系列关键技术问题和政策机制障碍，将西部地区打造成为我国重要的清洁能源发电基地，将有助于提升全国清洁能源发电装机比例、促进全国终端能源清洁度的提高和西部地区经济发展等，对于推动我国能源革命具有非常重要的意义。

基于上述西部清洁能源发展的背景现状，在中国工程院重大咨询项目"推动能源生产和消费革命战略研究"（二期）的支持下，课题组开展了课题六"西部清洁能源发展战略"研究工作，下设风能组、太阳能组、水能组、生物质能组、地热组、核能组、电网组和综合组八个子课题，每个子课题分别从西部地区清洁能源概况、西部地区清洁能源发展的机遇和挑战、西部地区清洁能源定位与发展战略、西部地区清洁能源发展技术和产业发展路线图，以及西部地区清洁能源发展建议等五个方面开展研究。

1.2 研究主要内容和目标

课题研究中的我国西部地区主要范围是指：陕西、甘肃、青海、宁夏、新疆、内蒙古西部、四川、西藏、重庆、云南、贵州、广西，包括我国西北和西南12个省（区、市、地区），课题研究的主要清洁能源种类包括风能、太阳能、水能、

[①] 本书中中国的数据不包括香港、澳门、台湾地区的数据。

生物质能、地热能和核能。

项目主要研究内容和任务目标是：

（1）研究新疆、青海、西藏、内蒙古西部和云南等西部地区的风能、太阳能（光伏、光热）、水能、生物质能、地热能、核能等清洁能源资源储量和开发利用现状。

（2）分析西部地区清洁能源发展的机遇和挑战。

（3）在全面建成小康社会和"一带一路"倡议背景下，分析国家对西部能源基地战略需求，在此基础上研究提出西部清洁能源发展的定位与战略思路，根据各清洁能源的特点提出各自的发展模式。

（4）开展西部地区风能、太阳能、水能、生物质能、地热能、核能的资源储量评估和开发前景研究，对开发现状和发展需求进行分析，开展大型基地和分布式双轮发展的技术经济环境生态分析，研究支撑西部清洁能源大规模开发利用的电网发展思路，提出重大工程、科技攻关和政策建议。

（5）提出推动我国西部清洁能源科学开发利用的技术路线图。

2 西部地区清洁能源概况

从我国自然资源的分布特点和经济发展情况来看，能源资源主要集中在西部地区，生产力和经济要素集中于东部沿海地区。我国西部地区清洁能源资源丰富：100 米高度的风能资源技术可开发量达 30.5 亿千瓦，占全国风能资源的 78%，适合风能资源大规模开发与利用；太阳能资源年总辐射量高于全国平均水平，大多处于太阳能最丰富带（年太阳辐射总量 6 680~8 400 兆焦/米^2）与丰富带（年太阳辐射总量 5 850~6 680 兆焦/米^2），开发潜力巨大，适合开展规模化光伏发电与大型太阳能热发电；水力资源技术可开发量达 5.4 亿千瓦，占全国的 81.7%，其中以西藏、四川、云南三省（区）水力资源最为丰富，分别位列全国水力资源技术可开发量前三位；高温地热资源高达 150 亿吨标准煤，其中西藏地区居我国地热能储量的榜首，但仍均处于开发利用初级阶段，具有极高的开发潜力；铀矿资源丰富，占全国总储量的 52.2%，但开发利用程度较低。丰富的清洁能源资源为西部地区清洁能源和经济社会的发展提供了得天独厚的条件，且西部地区幅员辽阔、人烟稀少，适合建设大规模清洁能源电站。

西部地区已成为我国最大规模的清洁能源利用聚集区。截至 2016 年底，西部地区清洁能源（包括风能、太阳能、水能、生物质能、地热能、核能）发电装机容量约 32 750 万千瓦，占西部总电源装机的 54.5%；西部地区用电量约占全国的 26%，发电量约占全国的 33%。截至 2016 年底，西部地区水电、风电、太阳能发电、核电的并网总体情况如表 2-1 所示。

表 2-1 西部地区清洁能源发电并网总体情况

发电类型	西部累计并网装机/万千瓦	全国装机/万千瓦	装机占比	西部 2016 年发电量/亿千瓦时	全国年发电量/亿千瓦时	发电量占比
水电	21 178.0	33 211.0	63.8%	7 869.0	11 807.0	66.6%
风电	7 258.0	14 864.0	48.8%	1 076.0	2 410.0	44.6%
太阳能发电	4 100.5	7 742.0	53.0%	403.0	662.0	60.9%
核电	217.2	3 364.0	6.5%	97.4	2 105.2	4.6%

西部地区清洁能源电力装机容量的快速发展，有利于我国能源结构的优化，提高清洁能源在能源结构中的占比。但总体来看，由于风电、光伏发电的波动性与间歇性、调峰资源不足、可再生能源发展速度与网架和外送能力不协调、部分可再生能源富集地区电网结构薄弱，以及电源结构不尽合理等原因，西部地区出现了较为严重的弃风、弃光、弃水问题，亟须通过加大可再生能源输电通道建设、建立清洁能源互补联合运行机制、提高清洁能源发电可控性和电网运行灵活性、大力发展储能技术及进一步推进电力市场化进程等措施予以解决。

2.1 风能

2.1.1 资源储量与开发潜力

20世纪70年代末，中国气象局根据全国600多个气象台站实测资料，首次绘制中国风能资源分布图；80年代末又采用900多个气象站观测资料对每个省（区、市）的风能资源储量进行了计算，得到全国陆地10米高度风能资源理论储量为32.26亿千瓦，风能资源技术开发量为2.53亿千瓦。2006年在国家发展和改革委员会（以下简称国家发改委）的组织下，中国气象局重新进行了第三次风能资源普查，利用全国2 384个气象台站近30年的观测资料，对原来的计算结果进行了重新计算和修正，得到我国陆地上离地面10米高度风能资源理论储量为43.5亿千瓦，风能资源技术开发量约为2.97亿千瓦，技术开发面积约20万平方千米。

基于气象站观测资料的风能资源评估存在三方面的问题：第一，气象站测风高度只有10米，很难准确推断风电机组轮毂高度的风能资源；第二，我国气象站的间距是50~200千米，东部地区气象站分布密度较大，西部地区分布稀少，不能较准确地定量确定一个区域可开发风能资源的覆盖范围和风能储量；第三，我国的气象站大多数都位于城镇，由于城市化的影响，城镇地区的风速相对较小，对风能资源评估结果有一定影响。

2005年中国工程院启动了重大咨询项目"中国可再生能源发展战略研究"，中国气象局在此项目研究中采用引进的加拿大气象局风能资源数值评估系统，制作了第一套中国风能资源数值图谱，并分析得到风电机组轮毂高度上的风能资源理论开发量。中国工程院力排众议，将此成果收录在《中国可再生能源发展战略研究丛书》中并对外发布，由此，我国风能资源评估技术实现了革命性的进步，数值模拟技术在风电领域迅速发展。

2007年国家发改委和财政部启动全国风能资源详查和评价工作（第四次风能资源普查），确立了采用数值模拟技术开展全国精细化风能资源评估的技术路线。项目在全国范围内建立了由400座70米、100米和120米测风塔组成的全国风能专业观测网，开发了由历史观测资料筛选、数值模式和地理信息系统（geographic information system，GIS）空间分析组成的中国气象局风能数值模拟评估系统。通过风能资源数值得到了水平分辨率1千米×1千米的全国风能资源图谱，并在此基础上采用GIS空间分析方法剔除不可开发风能资源的地区，最终得到我国陆地（不包括青藏高原海拔超过3500米的区域）从距地面10米到150米之间每隔10米间隔的风能资源技术开发量。

据2012年中国风能资源详查和评价结果，中国陆地（不包括青藏高原海拔超过3500米的区域）50米、70米和100米高度上风能资源技术开发量分别为20亿千瓦、26亿千瓦和34亿千瓦。此外，在第四次中国风能资源详查中，采用风能资源数值模拟方法得到近海5~50米水深范围内100米高度上风能资源技术开发量约5.12亿千瓦。

风能资源的理论储量主要由气候条件决定，而技术开发量则不仅取决于气候条件，还与风能利用技术紧密相关。随着风能利用技术的进步，越来越多的风能资源可以得到利用。近年来，风电机组的风能利用效率在不断提高；低风速机组的研制给原来的风能资源贫乏区带来了风电经济效益。因此，仅仅用风功率密度300 瓦/米^{2}或250 瓦/米^{2}作为风能资源可利用性的判据是不科学的。2018年中国气象局采用2017年主流风电机组的出力曲线，根据逐小时输出的风速数值模拟数据，计算出全国发电容量因子分布，通过GIS空间分析扣除不可用于风电场建设的区域后，得到全国100米高度风能资源技术开发量34亿千瓦，中东部和南部19省（区）另有5亿千瓦的低风速风能技术开发量。中国历次风能资源普查得到的陆地风能资源储量的比较如表2-2所示。

表2-2　中国历次风能资源普查得到的陆地风能资源储量的比较

时间	基础资料和技术方法	离地面高度/米	水平分辨率	假设风电机组布设间距	风能资源技术开发量计算方法	全国陆地风能资源技术开发量/亿千瓦
19世纪80年代末	气象站资料统计分析（900多个）	10	平均大约100千米×100千米	10D×10D（D为风电机组叶轮直径）	所有风能资源等级的风能资源总储量的1/10	2.53
2006年	气象站资料统计分析（2 384个）	10	平均大约60千米×60千米	10D×10D	在风功率密度大于300 瓦/米^{2}的风能资源总储量	2.97

续表

时间	基础资料和技术方法	离地面高度/米	水平分辨率	假设风电机组布设间距	风能资源技术开发量计算方法	全国陆地风能资源技术开发量/亿千瓦
2012年	全球大气环流模式再分析资料、气象站和400座测风塔观测资料以及数值模拟技术	10~150（每10米间隔）	1千米×1千米	10D×5D	在风功率密度大于300瓦/米²的风能资源覆盖面积的基础上，通过GIS空间分析剔除不可开发风电的区域后，单位面积装机容量大于0.15万千瓦/千米²的风能资源总量	25.67（70米高度，不包括青藏高原）
2018年	全球大气环流模式再分析资料、气象站和700座测风塔观测资料以及数值模拟技术	10~300（每10米间隔）	1千米×1千米	10D×5D	采用轮毂高度100米、叶片长度99~140米的0.20万~0.34万千瓦主流风电机组和131米叶片长度的0.22万千瓦低风速风电机组分别计算发电容量因子；GIS分析可利用面积，得到风能技术开发量	34+5（低风速资源；100米高度）

根据2018年我国风能资源普查结果，在中国气象局风能资源数据库（水平分辨率1千米×1千米，垂直分辨率10米）的基础上，考虑自然地理条件对风电开发的制约，对不同的土地利用类型和坡度进行空间分析，得到全国陆地和近海各高度层的风能资源技术开发量。西部12省（区、市、地区）100米高度风能资源技术开发量共30.5亿千瓦（含低风速资源），在全国占比78%，其中，内蒙古西部11亿千瓦，西藏6.5亿千瓦，新疆4.9亿千瓦，甘肃2.1亿千瓦，青海1.7亿千瓦。四川、云南、广西、陕西、贵州、重庆另有低风速风能资源1.6亿千瓦，计入低风速资源后，四川风能资源技术开发量可达1.4亿千瓦，陕西可达6914万千瓦，云南和广西分别约为8000万千瓦和5000万千瓦，如表2-3所示。

表2-3 西部12省（区、市、地区）风能资源技术开发量

省（区、市、地区）	技术开发量/万千瓦	省（区、市、地区）	不计低风速资源的技术开发量	低风速资源技术开发量	小计
内蒙古西部	110 623	四川	9 787	3 999	13 786
西藏	64 657	云南	6 009	1 980	7 989
新疆	49 468	广西	1 725	3 276	5 001
甘肃	20 946	陕西	2 141	4 773	6 914
青海	17 453	贵州	2 565	1 330	3 895
宁夏	3 910	重庆	515	337	852

进一步考虑不同品质的风能资源（用发电容量因子表示）和土地类型的风电开发的经济成本和收益，得到全国风电供应曲线，即各个上网电价水平下风电经济可开发潜力。在目前的风能资源评估、风电成本和技术水平条件下，根据2016年发布的四档风电上网标杆电价水平（0.47元/千瓦时，0.50元/千瓦时，0.54元/千瓦时，0.60元/千瓦时），仅考虑风电塔基成本电价（不考虑风电并网和输送成本），则相应的西部12省（区、市、地区）风电经济可开发量分别为：4.90万亿千瓦时、5.10万亿千瓦时、5.26万亿千瓦时和5.39万亿千瓦时。如果将风电成本电价水平控制在0.4元/千瓦时，西部12省（区、市、地区）的风电经济可开发量仍可以达到3.45万亿千瓦时。四档风电上网标杆电价水平下的西部12省（区、市、地区）风电经济可开发量如表2-4所示。

表2-4 西部12省（区、市、地区）风电经济可开发量（单位：亿千瓦时）

省（区、市、地区）	成本电价			
	0.47元/千瓦时	0.50元/千瓦时	0.54元/千瓦时	0.60元/千瓦时
内蒙古西部	16 267.3	16 624.6	16 692.4	16 723.7
新疆	10 013.9	10 628.4	11 259.8	11 857.4
西藏	10 595.8	10 674.5	10 744.0	10 800.2
甘肃	3 847.4	4 168.7	4 378.2	4 510.8
青海	3 552.0	3 809.5	4 014.9	4 187.0
四川	1 528.3	1 600.1	1 686.8	1 767.7
云南	1 134.8	1 202.8	1 273.4	1 356.7
宁夏	781.7	808.0	816.8	817.6
贵州	414.8	517.9	623.2	725.2
广西	483.8	529.0	602.4	666.2
陕西	260.5	298.3	330.7	369.3
重庆	92.0	119.2	139.3	167.7
合计	48 972.3	50 981.0	52 561.9	53 949.5

2.1.2 开发利用现状

西部地区风电并网情况如表2-5所示。截至2016年底，西部地区风电累计并网装机容量共7 258万千瓦，发电量1 076.1亿千瓦时。其中，新疆和云南风电发电量较高，分别占西部地区风电总发电量的20.4%和13.8%。

表 2-5 西部地区风电并网情况

省（区、市、地区）	累计并网装机/万千瓦	占西部地区风电总装机的比例	2016年发电量/亿千瓦时	占西部地区风电总发电量的比例	利用小时数/小时
内蒙古西部	1 625	22.39%	311	28.90%	1 914
重庆	28	0.39%	5	0.46%	1 600
四川	125	1.72%	21	1.95%	2 247
陕西	249	3.43%	28	2.60%	1 951
甘肃	1 277	17.59%	136	12.64%	1 088
青海	69	0.95%	10	0.93%	1 726
宁夏	942	12.98%	129	11.99%	1 553
新疆	1 776	24.47%	220	20.44%	1 290
西藏	1	0.01%	0.1	0.01%	1 908
广西	67	0.92%	13	1.21%	2 365
贵州	362	4.99%	55	5.11%	1 806
云南	737	10.15%	148	13.75%	2 223
合计	7 258	100%	1 076.1	100%	1 806

2016年全国风电平均利用小时数为1 742小时，重庆、甘肃、青海、宁夏、新疆地区风电利用小时数均低于全国平均水平，其中，甘肃地区风电利用小时数最低，为1 088小时。2016年全国弃风电量为497亿千瓦时，平均弃风率17.1%，弃风电量同比增长了46.6%。在西部地区，甘肃、内蒙古、新疆地区弃风率远超全国平均水平，其中，甘肃地区弃风量与弃风率分别高达104亿千瓦时与43%，为弃风严重区域。

2.2 太阳能

2.2.1 资源储量与开发潜力

我国太阳能平均年总辐射量约为1 500千瓦时/米^2，绝大部分（98%以上）地区的年总辐射量都在1 000千瓦时/米^{2}以上，其中约有3%的地区达到2 000千瓦时/米^{2}以上。依据太阳能资源的等级指标，我国的太阳能资源基本可以分为4个区域带：①最丰富带。新疆东南边缘、西藏大部、青海中西部、甘肃河西走廊西部、内蒙古阿拉善高原及其以西地区太阳能资源非常丰富，年平均总辐射辐照度超过200瓦/米^2，其中，西藏南部和青海格尔木地区年平均总辐射辐照度近250瓦/米^2。②很丰富带。在最丰富带的西北和以东地区，即新疆大部、西藏东部、云南大部、青海东部、四川盆地以西、甘肃中东部、宁夏、陕西北部、山西北部、河北西北部、内蒙古中东部至锡林浩特和赤峰一带，年平均总辐射辐照度为160~200 瓦/米²。③较丰富带。我国中东部和东北的大部地区年平均总辐射辐照度为 120~160 瓦/米²。④一般带。以四川盆地为中心，四川东部、重庆、贵州大部、湖南西北部等地太阳能资源较差，年平均总辐射辐照度不足 120 瓦/米²。

西部地区太阳能资源年总辐射量高于全国平均水平，大多处于太阳能最丰富带与很丰富带，开发潜力巨大，且西部地区地广人稀，适合开展规模化光伏发电与大型太阳能热发电。

综合考虑太阳辐照度、地形（坡度）、土地利用类型和政策（自然保护区）等因素，使用 ArcGIS 软件统计分析西部地区的大规模光伏开发潜力，中国西部地区大规模光伏年发电量统计如表 2-6 所示，若优先开发坡度小于等于 3 度的区域，我国西部地区大规模光伏发电的年发电量总计约 3.5 万亿千瓦时，占 2016 年全国总用电量的 59%。若优先开发坡度小于等于 6 度的区域，西部地区大规模光伏发电的年发电量总计约 4.08 万亿千瓦时，占 2016 年全国总用电量的 68.9%。

表 2-6　中国西部地区大规模光伏年发电量统计

省（区、市、地区）	年总辐射/万亿千瓦时 坡度小于等于3度	年总辐射/万亿千瓦时 坡度小于等于6度	面积利用率	光电转化率	年发电量/亿千瓦时 坡度小于等于3度	年发电量/亿千瓦时 坡度小于等于6度
内蒙古	399.74	450.77	1%	20%	7 994.76	9 015.36
新疆	985.66	1 150.50	1%	20%	19 713.14	23 010.00
甘肃	155.93	172.22	1%	20%	3 118.62	3 444.40
宁夏	5.67	6.89	1%	20%	113.34	137.86
青海	168.81	211.11	1%	20%	3 376.24	4 222.20
西藏	34.50	50.28	1%	20%	689.92	1 005.68
云南	0.04	0.11	1%	20%	0.79	2.17
总计	1 750.35	2 041.88			35 006.81	40 837.67

太阳能热发电方面，选取太阳直射辐射、地形、土地利用、道路分布、水资源（降水、蒸散等）等因素为太阳能热发电站的最佳建设位置评价因子，并将各因子分级和归一化处理，赋予权重，构建评价模型，定量评价我国太阳能热发电站的建设位置适宜性。得分为 4~5 分的为一类地区，最适宜建设太阳能热发电站；得分为 3~4 分的为二类地区，适宜建设太阳能热发电站；得分为 2~3 分的为三类地区，基本适宜建设太阳能热发电站。西部适宜建设太阳能热发电站地区面积及容量如表 2-7 所示。西部一类地区有 1.67 万平方千米，可安装容量 5.06 亿千瓦；二类地区有 63.82 万平方千米，可安装容量 193.39 亿千瓦；三类地区有 148.89 万

平方千米，可安装容量 451.51 亿千瓦。西部地区适宜建设太阳能热发电站的装机容量共约为 650 亿千瓦。

表 2-7　西部适宜建设太阳能热发电站地区面积及容量

分类	面积/万平方千米	可安装容量/亿千瓦
一类	1.67	5.06
二类	63.82	193.39
三类	148.89	451.51

2.2.2　开发利用现状

西部地区太阳能发电并网情况如表 2-8 所示。截至 2016 年底，西部地区太阳能发电并网装机容量共 4 100.5 万千瓦，2016 年发电量达到 403.02 亿千瓦时。其中，青海、甘肃、新疆和内蒙古西部太阳能发电量较高，分别占西部地区太阳能总发电量的 22.3%、14.9%、16.6% 和 17.6%。

表 2-8　西部地区太阳能发电并网情况

省（区、市、地区）	累计并网装机/万千瓦	占西部地区太阳能总装机的比例	2016 年发电量/亿千瓦时	占西部地区太阳能总发电量的比例	利用小时数/小时
新疆	934.0	22.78%	67.00	16.62%	717
甘肃	686.0	16.73%	60.00	14.89%	875
青海	682.0	16.63%	90.00	22.33%	1 320
内蒙古西部	539.0	13.14%	71.00	17.62%	1 317
宁夏	526.0	12.83%	55.00	13.65%	1 046
陕西	334.0	8.15%	20.00	4.96%	599
云南	206.0	5.02%	23.00	5.71%	1 117
四川	96.0	2.34%	11.00	2.73%	1 146
贵州	46.0	1.12%	1.00	0.25%	217
西藏	33.0	0.80%	4.00	0.99%	1 212
广西	18.0	0.44%	1.00	0.25%	556
重庆	0.5	0.01%	0.02	0.00%	400
合计	4 100.5	100%	403.02	100%	877

西北地区弃光现象较为严重，2016 年甘肃全年平均利用小时数为 875 小时，弃光率达 30.45%；新疆全年平均利用小时数为 717 小时，弃光率达 32.23%。

2.3 水能

2.3.1 资源储量与开发潜力

我国幅员辽阔，蕴藏着丰富的水力资源。2003 年水力资源复查结果表明，我国大陆水力资源理论蕴藏量在 1 万千瓦以上的河流共 3 886 条，技术可开发装机容量 54 164 万千瓦，年发电量 24 740 亿千瓦时。我国水力资源技术可开发量居世界首位。

随着经济社会发展、技术进步和勘察规划工作不断深入，我国水力资源技术可开发量有了进一步增加。在 2003 年水力资源复查基础上，考虑西南跨界诸河（澜沧江、怒江、雅鲁藏布江等）和四川、云南新增的水电技术可开发装机容量，水电技术可开发装机容量已达到 59 800 万千瓦，技术可开发年发电量 27 425 亿千瓦时。

另外，在 2003 年水力资源复查成果中，装机容量 0.05 万~5.00 万千瓦（不含）的小水电技术可开发装机容量 6 521 万千瓦，年发电量 2 893 亿千瓦时。在 2009 年水利部发布的中国农村水力资源调查评价结果中，0.01 万~5.00 万千瓦（含）的小水电技术可开发装机容量 1.28 亿千瓦，年发电量 5 350 亿千瓦时。因此，0.01 万~5.00 万千瓦的小水电技术可开发装机容量增加了约 6 200 万千瓦，增加年发电量约 2 457 亿千瓦时。根据水力资源复查成果，以及西南跨界诸河和四川、云南新增的水电技术可开发装机容量，结合 2009 年水利部公布的农村水力资源调查评价成果，中国 100 千瓦以上的水电站技术可开发装机容量 6.6 亿千瓦，年发电量 3.0 万亿千瓦时。我国水力资源技术可开发量如表 2-9 所示。

表 2-9 我国水力资源技术可开发量

技术可开发量	2003 年水力资源复查	考虑西南跨界诸河考察及四川、云南复核后	考虑农村水力资源调查评价复核后
装机容量/万千瓦	54 164	59 800	66 042
年发电量/亿千瓦时	24 740	27 425	29 882

西部地区是全国水力资源的富集地区，西部 12 个省（区、市、地区）水力资源技术可开发量 5.4 亿千瓦，占全国总量的 81.73%，特别是西南地区云南、贵州、四川、重庆、西藏 5 省（区、市）就占全国总量的 2/3 左右。西藏的技术可开发量高达 15 108 万千瓦，位居全国第一，其次为四川和云南，西部部分地区水力资源技术可开发量见表 2-10。

表 2-10 西部部分地区水力资源技术可开发量

省（区）	技术可开发量/万千瓦	年发电量/亿千瓦时
西藏	15 108	7 836
四川	14 690	7 355
云南	11 732	5 608
青海	2 396	940
新疆	2 041	864
甘肃	1 250	528

我国水力资源分布不均，西南地区水力资源较为丰富，西藏、四川、云南、重庆和贵州5省（区、市）技术可开发装机容量合计4.5亿千瓦、年发电量20 710亿千瓦时，分别占全国的68.1%和75.5%。其中又以西藏、四川、云南3省（区）水力资源最为丰富，分别位列全国水力资源技术可开发量前三位，是今后我国水电开发的重点地区。具体是，2020年水电开发的重点主要集中在四川和云南，两省规模近1.42亿千瓦；2030年，四川和云南开发规模都达到1亿千瓦以上，分别占3省（区）开发总规模的50.2%和42.1%。重点开发的4个省（区）水电开发规模和开发潜力如表2-11所示。

表 2-11 重点开发的4个省（区）水电开发规模和开发潜力

省（区）	技术可开发量/万千瓦	2020年预计开发规模/万千瓦	2020年开发潜力/万千瓦	2025年预计开发规模/万千瓦	2025年开发潜力/万千瓦	2030年预计开发规模/万千瓦	2030年开发潜力/万千瓦
四川	14 689	8 000	6 689	12 000	2 689	12 500	2 189
云南	11 732	6 200	5 532	8 000	3 732	10 500	1 232
青海	2 396	1 800	596	1 900	496	2 200	196
西藏	15 108	400	14 708	700	14 408	1 900	13 208
合计	43 925	16 400	27 525	22 600	21 325	27 100	16 825

2.3.2 开发利用现状

西部地区水电并网情况如表2-12所示。截至2016年底，西部地区常规水电累计并网装机容量21 178万千瓦，占全国常规水电装机容量63.8%，开发程度为46.4%，2016年发电量达7 869亿千瓦时。其中，四川和云南地区水能资源丰富，全年水电发电量分别占西部地区水电总发电量的38%和29.5%，占全国水电总发电量的21.8%和18.4%。

表 2-12　西部地区水电并网情况

省（区、市、地区）	累计并网装机/万千瓦	占西部地区水电总装机的比例	2016年发电量/亿千瓦时	占西部地区水电总发电量的比例	利用小时数/小时
陕西	272	1.28%	69	0.88%	2 537
甘肃	861	4.07%	314	3.99%	3 647
青海	1 192	5.63%	302	3.84%	2 534
宁夏	43	0.20%	14	0.18%	3 256
新疆	665	3.14%	211	2.68%	3 173
内蒙古西部	208	0.98%	22	0.28%	1 058
四川	7 246	34.21%	2 989	37.98%	4 234
重庆	687	3.24%	255	3.24%	3 712
西藏	156	0.74%	46	0.58%	2 949
云南	6 096	28.78%	2 318	29.46%	3 815
贵州	2 089	9.86%	729	9.26%	3 490
广西	1 663	7.85%	600	7.62%	3 608
合计	21 178	100%	7 869	100%	3 621

2016年全国水电平均利用小时数为3 621小时，与2015年基本持平。2016年全国水电弃水总量约500亿千瓦时，西南地区弃水问题严重，其中，四川弃水电量为164亿千瓦时，弃水率5.2%，比2015年弃水量增加52亿千瓦时，水电利用小时数4 234小时，比2015年减少52小时；云南省弃水电量为315亿千瓦时，弃水率达12.0%，比2015年弃水量增加162亿千瓦时，水电利用小时数3 815小时，比2015年减少97小时。

2.4　生物质能

2.4.1　资源储量与开发潜力

生物质能源是人类能源消费中的重要组成部分，是地球上唯一可再生碳源，其开发利用前景广阔。我国生物质能资源受到耕地短缺的制约，主要以各类剩余物和废弃物为主（被动型生物质资源），目前我国生物质能源开发潜力约为4.6亿吨标准煤。西部地区生物质资源主要包括农作物秸秆、畜禽粪便、林业剩余物、能源植物等。

西部地区农作物秸秆资源主要包括玉米秸秆、小麦秸秆、水稻秸秆、油菜秸秆和棉花秸秆等。近年，西部地区农作物秸秆理论资源量约2.65亿吨，占全国秸秆资源总量的27.79%；其中，可收集量为2.30亿吨。从绝对量和单位面积保有量看，在全国均属于秸秆资源欠丰富地区。西部农作物秸秆已利用资源量为 1.64 亿吨，利用方式包括还田、饲料、食用菌、燃料和工业原料等。西部地区农作物秸秆能源化利用量为 0.24 亿吨（其中低效直燃利用量约 0.16 亿吨），废弃资源量为 0.66 亿吨，2017 年可高效能源化利用资源潜力为 0.82 亿吨，折合 0.42 亿吨标准煤，预计到 2020 年和 2030 年，可高效能源化利用秸秆资源潜力分别为 0.90 亿吨和 1.0 亿吨，分别折合 0.45 亿吨标准煤和 0.50 亿吨标准煤。

西部地区畜禽养殖粪便主要包括牛粪、猪粪、羊粪及鸡粪等，主要畜禽养殖产生粪便合计 9.01 亿吨，占全国畜禽粪便资源总量的 47.40%，西部地区畜禽粪便产沼气潜力如表 2-13 所示。从绝对量和单位面积保有量看，西部地区在全国均属于畜禽资源较丰富地区。目前西部地区畜禽粪便主要采用堆沤还田的途径进行处置，个别地区还存在不加处理露天堆放或排入河流沟渠的现象，对生态环境造成污染。2016 年粪便堆肥化处理量约为 4.21 亿吨，可供沼气生产利用的畜禽粪便资源量约 4.8 亿吨，产沼气潜力约为 216.0 亿立方米，折合 1 542 万吨标准煤。其中畜禽粪便产量最高的四川、内蒙古和云南的畜禽粪便产沼气潜力分别为 39.1 亿立方米、29.9 亿立方米和 26.0 亿立方米。随着畜禽养殖规模进一步扩大，畜禽养殖集约化经营程度进一步提高，预计到 2020 年和 2030 年，西部地区畜禽粪便能源化利用潜力分别可达到 0.20 亿吨标准煤和 0.35 亿吨标准煤。

表 2-13 西部地区畜禽粪便产沼气潜力

地区	粪便总产量/万吨	可用粪便量/万吨	产沼气潜力/亿立方米
四川	16 313.8	8 690.6	39.1
重庆	3 047.3	1 623.3	7.3
云南	10 827.6	5 768	26.0
贵州	6 893.7	3 672.4	16.5
西藏	7 287.7	3 882.3	17.5
广西	8 059.3	4 293.3	19.3
西南小计	52 429.4	27 929.9	125.7
甘肃	6 675.7	3 556.2	16.0
宁夏	1 603.8	854.4	3.8
青海	5 785.8	3 082.2	13.9
陕西	2 782.1	1 482.1	6.7
新疆	8 343.9	4 444.9	20.0
内蒙古	12 484.2	6 650.5	29.9
西北小计	37 675.5	20 070.3	90.3
合计	90 104.9	48 000.2	216.0

林业剩余物主要包括采伐剩余物、造材剩余物和加工剩余物等。西部地区生产木材 3 486 万立方米，按照林业剩余物占原木蓄积量的 30%、木材加工剩余物占比 20% 计算，则年产林业剩余物 2 191 万立方米，其中，西南地区 1 961 万立方米，西北地区 226 万立方米，西部地区林业剩余物可利用资源量如表 2-14 所示。目前，林业剩余综合利用率达 95% 以上，主要用于造纸、生产人造板、养殖食用菌和生物质能源化利用等方面。按照国家批复的"十三五"期间各省年森林采伐限额，西部 12 省（区、市）年森林采伐限额为 1.22 亿立方米，因此"十三五"期间林业剩余物年可开发利用潜力为 5 376.3 万立方米。

表 2-14　西部地区林业剩余物可利用资源量（单位：万立方米）

地区	合计	人工林采伐量			天然林采伐量	林业剩余物产量
		小计	商业性	非商业性	非商业性	
内蒙古	730.5	465.5	179.1	286.4	265	321.4
广西	4 460.9	4 418.3	4 109.9	308.4	42.6	1 962.8
重庆	149.2	101.2	62.5	38.7	48.0	65.6
四川	1 629.6	1 099.6	685.2	414.4	530.0	717.0
贵州	1 010.0	830.3	515.8	314.5	179.7	444.4
云南	3 259.6	2 190.3	1 597.5	592.8	1 069.3	1 434.2
西藏	44.3	5.6	0.6	5.0	38.7	19.5
陕西	605.8	227.3	31.0	196.3	378.5	266.6
甘肃	110.7	76.2	3.3	72.9	34.5	48.7
青海	19.2	12.7	0	12.7	6.5	8.4
宁夏	13.0	11.7	4.5	7.2	1.3	5.7
新疆	186.5	175.7	10.3	165.4	10.8	82.0
合计	12 219.3	9 614.4	7 199.7	2 414.7	2 604.9	5 376.3

资料来源：《国务院关于全国"十三五"期间年森林采伐限额的批复》（国函〔2016〕32 号）

能源植（作）物是指一年生和多年生植（作）物，其栽培目的是生产固体、液体、气体或其他形式的能源。目前我国除建成了少量示范基地外，尚未形成对生物质能源产业发展的支撑能力。全国能源植（作）物提供的生物质能资源可获得量约为 1 560 万吨标准煤，仅占生物质能资源可获得总量的 5.8%。能源作物资源分散，西部地区主要有广西的木薯、油棕，四川、云南的小桐子，甘肃、陕西的文冠果，以及西南山区的薪炭林等。云南是我国植物资源最丰富的地区之一，特别是热带能源植物非常丰富。其中，西双版纳热带能源植物估计总数在 1 000

种以上，含油量≥30%的能源植物有158种，如油瓜、油茶、油桐、油朴、油葫芦、油橄榄、油棕、腰果等都是传统的油料植物。我国未开发利用的土地资源主要集中在西部地区，占全国未开发土地资源量的80%以上，其中，西南地区可用于种植能源作物的边际土地面积为2.68亿亩[①]，西北地区可用于种植能源作物的边际土地面积为3.23亿亩。分作物种类来看，生产燃料乙醇的能源作物，西部地区可种植能源作物土地资源面积为0.67亿亩，若按照利用土地50%计，主要种植木薯、甜高粱、甘薯等，可发展燃料乙醇978.8万吨。生产生物柴油的能源作物有小桐籽、黄连木、文冠果等。2017年小桐籽年均种植面积705万亩，适宜种植小桐籽的土地资源潜力约0.30亿亩，主要集中在广西、云南，生产生物柴油潜力约260万吨。目前，陕西黄连木种植面积较大，适宜种植黄连木主要为西南云南和贵州等地区，土地资源潜力3.33万亩，生产生物柴油潜力约222万吨。2017年文冠果在内蒙古、陕西和甘肃地区约有8万亩种植面积，规划阿克苏地区种植70万亩，生产生物柴油潜力约234万吨。随着国家对生态环境保护与能源安全问题的日趋重视，预计到2020年和2030年西部地区主要能源植物开发潜力分别可达到0.08亿吨标准煤和0.12亿吨标准煤。

2.4.2 开发利用现状

近年来，西部地区生物质能的利用规模和水平呈现加速发展的势头。西部地区生物质资源种类繁多，适用技术和产品形态复杂多样，按最终能源产品可分为发电、供热、供气、液体燃料、固体燃料等。

2.4.2.1 生物质直燃发电

截至2016年，我国生物质发电项目装机容量达到1 224.8万千瓦，较2015年增加104.9万千瓦，2016年全年发电量达到634.1亿千瓦时，相当于2/3个三峡水电站。生物质发电技术基本成熟。

西南地区：农作物秸秆资源相对贫乏，且山区运输条件较差，收集成本较高，加之西南地区高温潮湿的气候条件也不利于原料储存，生物质直燃发电项目数量较少，占全国总装机规模的比例不足2%。西北地区：因为缺乏足够的资源，建成的农林生物质直燃发电项目极少。西部地区生物质直燃发电装机规模如图2-1所示。

---

① 1亩≈666.67平方米。

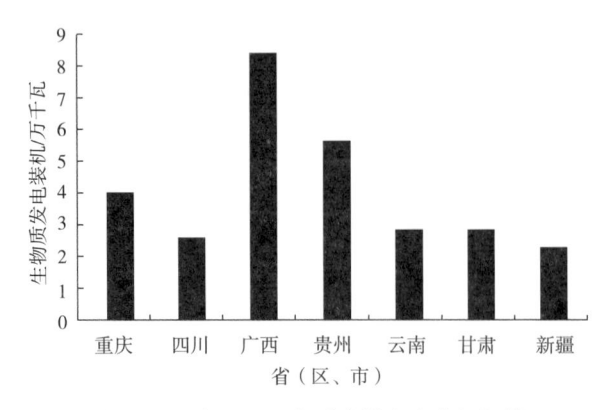

图 2-1 西部地区生物质直燃发电装机规模

今后，西部尤其是西北冬季寒冷地区生物质发电应向农林生物质热电联产、与燃煤发电灵活比例耦合和高参数生物质发电方向发展。

2.4.2.2 沼气

截至 2016 年，西南地区户用沼气数为 1 298 万户，占全国户用沼气总数的 31.2%，属全国户用沼气规模大且应用效果好的区域。西北地区户用沼气数为 334 万户，占全国户用沼气总数的 8.0%，受生物质资源和自然条件限制，属全国户用沼气规模较小的区域。西部地区规模化沼气工程共计约 1.8 万处，总体规模较小，主要集中在四川、重庆、云南、贵州等，西部地区户用沼气发展情况如图 2-2 所示。

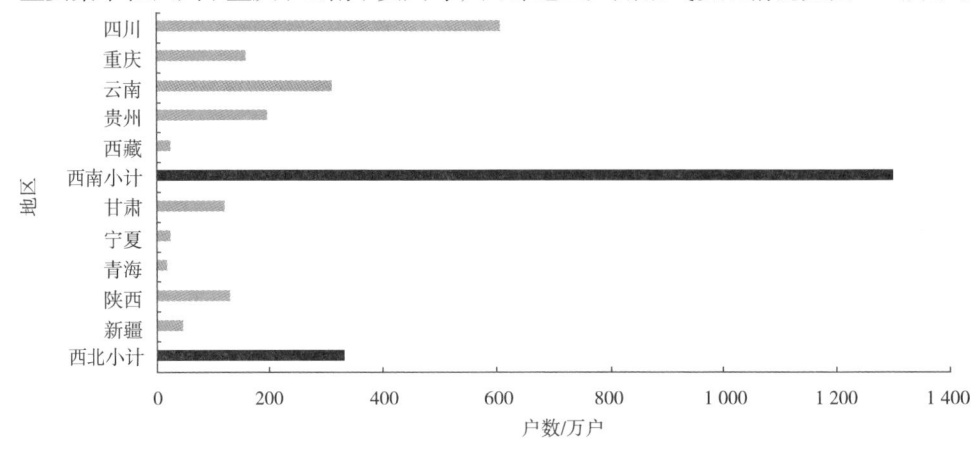

图 2-2 西部地区户用沼气发展情况

受畜禽养殖向集约化发展和经济社会发展的影响，沼气生产方式将逐步转向集中化、规模化、高值化（生物天然气）方向发展，应在综合条件较好的西部地区，积极发展规模化沼气工程。同时，西部地区尤其是西南地区户用（联户）沼气仍有较强的生命力，其运行维护不容忽视。

2.4.2.3 生物质成型燃料

截至 2016 年，生物质成型燃料年利用量约 800 万吨，主要用于城镇供暖和工业供热等领域。生物质成型燃料供热产业处于规模化发展初期，成型燃料机械制造、专用锅炉制造、燃料燃烧等技术日益成熟，具备规模化、产业化发展基础。

生物质成型燃料生产规模总体很小，目前，成型燃料生产与锅炉供热在长江三角洲、珠江三角洲等地区产业化示范效果最好。西南地区：林业剩余物资源丰富，可适度发展木质生物质成型燃料。西北地区：总体资源贫乏，但在新疆棉花主产区可适度发展生物质成型燃料。

生物质成型燃料供热关乎民生，是近期生物质能开发利用的重点。受山区丘陵等复杂地形影响，原料储运成本高，西南地区宜发展中小规模为主的生物质成型燃料加工项目。

2.4.2.4 生物质液体燃料

截至 2017 年，燃料乙醇年产量约 260 万吨，生物柴油年产量约 110 万吨。生物柴油处于产业发展初期，纤维素燃料乙醇加快示范，我国自主研发生物航空煤油成功应用于商业化载客飞行示范。

西部地区受资源和经济社会发展水平限制，生物质液体燃料项目少，蓖麻等生物质资源以原料输出为主。西南地区：重庆生物柴油项目、广西燃料乙醇项目（中粮集团有限公司）。西北地区：内蒙古燃料乙醇项目 1 处。

在生物质液体燃料产业体系的形成过程中，将逐步整合环境治理、城市建设、生态恢复等重大国家战略，逐步协调能源林业、能源农业和能源工业与生物质能源体系。开发油脂、淀粉和糖类能源植物和微藻等新型生物质资源，各类城乡生物质原料的梯级利用、多联产的生物炼制是未来生物质液体燃料发展的主要产业技术方向。开发西部能源植物资源，发展生物质液体燃料，是西部生物质能源输出的中长期战略依托。

2.5 地热能

2.5.1 资源储量与开发潜力

地热能资源主要分为水热型地热资源、浅层低温地热能资源和干热岩型地热资源。

我国 31 个省（区、市）地热资源现状调查评价结果显示，西部 12 省（区、市）中西藏、四川、云南、广西和新疆 5 省（区）有大于 150℃的高温地热资源。高温地热资源的水热活动密集带包括：喜马拉雅碰撞带、关中盆地、塔什库尔干地区。总的热储热能折合标准煤约 150 亿吨。西部高温地热资源主要为隆起山地型地热资源，采用热储体积法计算其热储资源潜力，折合标准煤约 0.4 亿吨/年。我国喜马拉雅碰撞带高温地热资源发电潜力高达 700 万千瓦电力。2020 年西部高温地热可完成 15 万千瓦电力的目标。同时，在目前已开始的干热岩钻井的基础上，2020 年可能在西部建成我国首座 1 000 千瓦电力干热岩试验电站。预计 2030 年可完成 45 万千瓦电力装机发电，走上商业化发电模式。

西部中低温地热资源储量折合标准煤约 5 000 亿吨。由于西部中低温地热资源分为隆起山地和沉积盆地两类，分别采用了泉（井）流量法和开采系数法计算其热储资源潜力。计算结果显示：西部中低温地热资源潜力折合标准煤约 7 亿吨/年。在西部 107 个城市中，地下水源热泵开发利用适宜与较适宜区占总面积的 41%，地埋管热泵适宜与较适宜区占总面积的 80%。西部 107 个城市利用浅层地温能可提供夏季制冷面积 58 亿平方米，可提供冬季供暖面积 65.7 亿平方米，节约标准煤约 2.0 亿吨。在地热资源评价的基础上，结合各省（区、市）地热资源开发利用现状调查资料和地热资源评价结果，采用地热流体热量开采系数指标来衡量我国西部各省（区、市）中低温地热资源开发利用潜力。我国西部 12 省（区、市）中低温地热资源热量开采系数均小于 40%，都处于开发利用初始阶段，地热能利用率低，地热资源极具开发利用潜力。按照目前西部中低温地热开发利用的年增长 15%计算，预计到 2020 年，我国西部 12 省（区、市）中低温地热开采系数平均约 20%，即折合标准煤 1.4 亿吨/年，到 2030 年能够达到 40%，即折合标准煤 2.8 亿吨/年。

2.5.2　开发利用现状

我国西部地区地热资源开发利用以中低温地热资源开发利用为主、高温为辅，多集中在旅游疗养。

2.5.2.1　地热发电

在西部地区，仅有西藏每年利用高温地热资源发电。20 世纪 70 年代后期，我国西部地区开始利用高温地热资源发电，先后在西藏羊八井、朗久、那曲建商业性地热发电站，总装机容量 2.8 万千瓦，我国西部地区地热电站装机容量一览表如表 2-15 所示。其中，羊八井地热电站装机容量 2.5 万千瓦，每年利用 1.095×10^7 立方米流量、130~170℃的水汽，其 2005 年、2006 年、2007 年和 2008 年的发电量分别为 1.154 亿千瓦时、1.261 亿千瓦时、1.158 亿千瓦时和 1.436 亿千瓦时，屡创历史最高纪录，羊八井电厂到 2017 年底累计发电量 35 亿千瓦时，为拉萨市供应电力，曾占拉萨电网全年供电量的 40%，冬季超过 60%。

表 2-15 我国西部地区地热电站装机容量一览表

地点	名称	机组数/台	装机容量/万千瓦
西藏	羊八井	9	2.5
	那曲	1	0.1
	朗久	2	0.2
总计		12	2.8

2.5.2.2 地热供暖

同比条件下，地热供暖比锅炉供暖可节省 30% 的成本。在我国西部一些温泉区，尤其是西北，凡有温泉出露的地方，都在不同程度上利用地热采暖，如陕西开发利用 60~100℃ 的中低温地热水，用于楼房采暖，已取得良好效果。

2.5.2.3 旅游疗养

利用地热进行旅游疗养，几乎遍及西部各省（区、市）。温泉具有较高的温度、特殊的化学成分、气体成分、偏硅酸、偏硼酸、氟及硫化氢和放射性氡等成分，并在一些热矿泉区见有矿泥，对人体具有明显的医疗和保健作用。同时，西部地区许多温泉区既是疗养地，又是旅游观光区，如陕西的临潼建有华清宫。藏南、滇西、川西的一些高温温泉和沸泉区，不仅拥有高温地热资源，同时还拥有绚丽多彩的地热景观，为世人所瞩目；云南腾冲是我国大陆唯一一处保存完好的火山温泉区，拥有罕见的火山、地热景观及珍贵的医疗矿泉。

2.5.2.4 种植养殖

目前利用地热温室种植蔬菜、繁育水稻等已在西部许多温泉区开展，不仅节约了常规能源，而且保证了冬季市场蔬菜供应。例如，西藏羊八井地热田利用发电排水建造了面积达 50 000 平方米的地热温室种植西红柿、黄瓜、青椒等 20 余种蔬菜。重庆市铜梁区陈家湾等地利用温泉水灌溉农田，不仅大大增加了保收面积，同时使农作物普遍早熟和增产。云南洱源、腾冲、宜良等 21 个县（市）部分地区利用热水灌溉，如宜良县狗街镇用热水灌溉后亩产由原 200~250 千克增产至 300~400 千克，并且提前 10~20 天成熟；腾冲界头镇大塘，海拔 2 500 米，亩产竟达 550~600 千克；古永区轮马几百亩稻田用热水灌溉，亩产均达 400 千克，较用冷水灌溉增产 1 倍以上。

2.5.2.5 工业利用

工业利用方面目前主要用于纺织印染、木材及粮食烘干、生产矿泉水等，其中温泉区地下热水在纺织工业及化工工业方面已获得较好的利用。四川康定毛纺厂温泉已用于洗毛；腾冲热海硫磺塘用淘洗法取磺；洱源县九台温泉区挖取芒硝和自然硫；青海省贵德县将14千米外93℃的热水引入县城，在用于旅游疗养、温室种植等的同时，还利用于纺织厂洗涤和烘干等，均已取得显著经济效益。

2.6 核能

2.6.1 资源储量与开发潜力

西部地区是核能技术应用起源之地，我国核电研发设计、建设、运行技术和经验积累起源于西部的生产堆。西部地区铀资源占全国总储量的52.21%；西部地区有核燃料全产业链，包括分离转化、浓缩、燃料加工全部产能；乏燃料储存和后处理中试厂都在西部。

"十二五"以来，在我国北方可地浸砂岩盆地的铀矿地质找矿相继得到突破，新发现探明一批大型和特大型铀矿床，铀资源量大幅度提升：努和廷发展为超大型铀矿床，皂火壕、大营、纳岭沟、蒙其古尔、塔木素等5个特大型铀矿床，巴-赛-齐、钱家店、十红滩、居隆庵等4个大型铀矿床（区）。在北方伊犁、吐哈、准噶尔、鄂尔多斯、二连、巴音戈壁、松辽等7大沉积盆地形成了相当规模的砂岩型铀资源基地，使我国铀资源开发布局实现了由南方硬岩为主转变为北方可地浸砂岩为主的新格局。

在核电厂厂址选择和建设方面，西部12个省（区、市）中有10个开展不同阶段的厂址选择和核电厂建设工作。选址综合考虑的因素包括当地对能源需求，当地及跨区能源供应情况，以及当地的环境容量；西部地区重点考虑地震、大件运输、场地平整等制约因素。截至2016年潜在厂址有19个，2台核电机组运行，1台在建。

2.6.2 开发利用现状

中国已经运营的核电机组，绝大部分分布在东部沿海省份——辽宁、江苏、浙江、福建、广东、海南。西部地区核电站数量较少。2010年，西部地区首座核电站正式开工建设，并于2015年10月最终实现并网发电。截至2016年底，西部地区仅广西壮族自治区有防城港核电站两台核电机组，装机217.2万千瓦，2016

年全年发电量为 97.41 亿千瓦时。

国内现有核电站几乎全部靠近海岸线，核电站运行需要大量的冷却水，每小时至少达 7 万立方米。而且附近就是电力需求极大的大城市，还有可以运输、吊装大型设备的码头。在非常极端的情况下，如果内部应急设施水源不够用，附近具备大量冷却水源就会更安全，如福岛核事故，就使用了海水注入来保证堆芯的淹没和冷却。

根据国际原子能机构（International Atomic Energy Agency，IAEA）2017 年度报告，截至 2017 年底，全球共有 448 台核电机组正在运行，累计运行 17 430 堆年，另有 59 台机组正在建设，约有一半都建设在内陆。

我国内陆筹建的核电站，全部背靠江河与水库，围绕着长江、珠江、淮河分布。反对者认为，有限的水资源供应，以及辐射发生时不利疏散的问题，使内陆核电站的危险性更高，与美国等在远离海岸线的地方修建了核电站的国家不同，中国内陆核电站选址地点的人口稠密度要高得多。在内陆地区筹建的核电站，始终让当地的居民感觉自己在承担一个"不是最优"的选择。

国内外对内陆与沿海发展核电的要求没有本质差别。无论国际原子能机构、各主要核电国家，还是我国有关核安全法规要求，对滨海核电站和内陆核电站在安全目标和评价准则上是完全相同的。没有任何国家和组织对内陆核电提出过非同一般的特殊要求。支持者认为，内陆核电站与滨海核电站没有什么本质差别，而且新型的第三代反应堆能够被动冷却，比以前的安全很多。

2.7 小结

（1）我国西部地区风能、太阳能、水能、地热能等清洁能源资源丰富、开发潜力巨大，且西部地区幅员辽阔、人烟稀少，适合建设大规模清洁能源电站。

（2）西部地区已成为我国最大规模的清洁能源利用聚集区。风能发电、太阳能发电、水电已具规模，新疆、内蒙古西部、甘肃的风电装机容量相对较高，新疆、甘肃、青海太阳能发电装机容量相对较高，四川、云南、贵州水电装机容量较高，但西部地区弃风、弃光、弃水量也较大。

3 西部地区清洁能源发展的机遇和挑战

3.1 西部清洁能源未来发展的机遇

3.1.1 国家能源结构优化升级势在必行

世界能源低碳化进程进一步加快，天然气和非化石能源成为世界能源发展的主要方向。目前我国能源结构仍旧以原煤为主，2016年我国能源消费结构中，煤炭占比为 62.0%，石油占比为 18.8%，天然气占比为 6.3%，非化石能源占比为 12.9%。2017年，全国能源消费总量比上年增长约 2.9%，能源消费结构明显优化，天然气、水电、核电、风电等清洁能源消费占能源消费总量比重比上年提高约 1.5 个百分点，煤炭所占比重下降约 1.7 个百分点。截至 2017 年底，全国发电装机总量累计达 17.8 亿千瓦，可再生能源发电装机容量约达到 6.5 亿千瓦。2018 年第一季度，全国能源消费总量同比增长约 3.4%，天然气、水电、核电、风电等清洁能源消费占能源消费总量比重同比提高约 1.7 个百分点，煤炭消费所占比重下降约 1.8 个百分点。

煤炭与石油的消费走势趋于下降，天然气、水电、核电、风电的消费比例虽然有所上升，但总体比例依然偏低。这样的能源结构充分说明我国现阶段能源利用形式依旧单一，过于依赖煤炭、石油等化石能源，这当然与我国的能源资源现状和发展历史相关，但也反映出我国能源结构的均衡性差，不能抵抗未来煤炭、石油紧缺带来的经济风险和能源问题，能源结构优化升级和能源转型任重道远。

2017 年，国家发改委、国家能源局联合发布了《能源生产和消费革命战略（2016—2030）》，提出"到 2020 年，全面启动能源革命体系布局，推动化石能源清洁化，根本扭转能源消费粗放增长方式，实施政策导向与约束并重。能源消费总量控制在 50 亿吨标准煤以内，煤炭消费比重进一步降低，清洁能源成为能源增量主体，能源结构调整取得明显进展，非化石能源占比 15%；单位国内生产总值二氧化碳排放比 2015 年下降 18%"。

为增加能源供应，改善能源结构，保障能源安全，保护环境，实现经济社会的可持续发展，清洁能源产业必将成为国民经济战略性、先导性产业。

3.1.2 清洁能源是西部地区经济社会发展的支柱产业

清洁能源已成为全球具有战略性的新兴产业，成为众多国家选择的新一代能源技术的战略制高点，各国纷纷投入大量资金支持清洁能源技术研发和产业发展，使清洁能源逐渐成为国际竞争加剧的重要新领域，清洁能源将有效支撑西部地区经济社会发展。

1）风电

在西部大开发战略的指导下，对于发展相对落后，而自然资源储量较为丰富的西部地区，如何将资源转化为经济效益势必将成为当地经济社会发展的重中之重。对于甘肃、新疆、内蒙古等西部风电装机大省（区），风电上网电量的卖电收益将为当地创造数百亿元的营业收入和数十亿元的税收收入。以甘肃为例，若当地风电利用小时可达 2 000 小时，当地风电上网电价以 0.5 元/千瓦时计算，甘肃 1 277 万千瓦的风电装机，将创造 127.7 亿元（0.5 元/千瓦时 × 1 277 万千瓦 × 2 000 小时=1 277 000 万元）的营业收入，并为甘肃当地政府创造数十亿元的税收收入。这将极大地促进甘肃的经济发展，为西部大开发战略的实施、解决偏远地区用电提供实际而稳定的能源和经济支持。

2）太阳能发电

我国西部地区干旱少雨、地广人稀，有着丰富的土地资源和太阳能资源，是太阳能光伏、光热开发利用的理想地区。西部地区，特别是农牧区，能源消费量小而分散，而分布式光伏发电系统能够很好解决这些地区的用电问题。近几年发展最快的农用电动车就是一个最好的例证。一户农民通过几块光伏板给电动车充电，就能够解决日常农业生产所需的运输用电问题。以此为契机，进一步发展充电式农机具，不仅可以大大提高农业生产效率，而且有望催生出庞大的绿色产业。对于青海、新疆、宁夏等西部光伏装机大省（区），光伏上网电量的卖电收益会为当地创造数十亿元的营业收入，实现精准扶贫、自强致富。以青海为例，若当地光伏利用小时可达 1 500 小时，当地光伏上网电价以 0.65 元/千瓦时计算，青海 682 万千瓦的光伏装机，将创造 66.5 亿元（0.65 元/千瓦时 × 682 万千瓦 × 1 500 小时=664 950 万元）的营业收入，并为青海当地政府创造数亿元的税收收入。

太阳能热发电和热利用具有产业链长的特点，涉及机械装备、材料、化工、建筑、电力电子等多方面产业，对传统产业的拉动力非常大。太阳能热发电和热利用可开发利用地区主要在我国西部，建设太阳能热发电站，不仅可以利用其储热容量为发展清洁能源补充调峰能力，同时也可以通过发展热发电和热利用的装备产业为当地的经济发展做出贡献。太阳普照每一个人，也应该成为 13 亿人民富裕和幸福的可靠能源支撑。

3）水电

四川、云南、青海和西藏是我国西部大开发战略的重点开发区域，西部待开发水电所在地是我国经济较落后的地区，也是我国主要的少数民族聚居区。由于受多方面的制约和影响，其丰富的能源资源未得到很好的开发利用，未形成自身的支柱产业。

水力资源是电力农业、交通和经济发展的综合性财富。水电建设将为当地带来大量资金投入并带动当地的经济大幅增长，建设期和运行期将为地方财政开辟新的长期而稳定的税源，显著增强当地经济实力，大幅提高当地发展能力，促进经济跨越式发展。水电开发将加快当地群众脱贫致富的步伐，提高当地居民的收入水平。通过水电项目建设带动投资和相关产业的发展，通过人口特别是高文化水平的人才集聚，提高人才水平，拉动消费，带动第三产业的发展。同时，水电开发对城镇化发展以及新农村建设具有巨大的推动作用。水电开发还将通过带动产业结构变化带来社会结构的变化，提高当地的城镇化水平。借助水电开发，以原有城镇和集中居民点为依托，建设后勤服务基地和生活区等相应的配套社会服务设施，形成工程建设和服务中心，扩大城镇规模并提升城镇功能，带动交通、通信、电力、水利等基础设施建设，为加快城镇发展提供物质支撑。依托工程建设，发展城镇非农产业，为农村劳动力转移创造就业机会，吸引人口向重点城镇集聚，显著提升其城镇建设水平和农村现代化水平。

4）其他能源类型

地热资源方面，西部地区许多温泉区既是疗养地，又是旅游观光区，吸引了大批游客，为当地带来了经济效益。生物质资源方面，西部地区推广使用生物质能源，可节约常规能源，促进能源结构的优化调整。核能方面，核电是技术密集和安全绿色的高新技术产业。发展核电，必然需要先进技术、设备、人才和管理方法，并可推动本地技术水平的提高与创新。核电的规模化发展不仅将促进能源发展，而且将拉动装备业、建筑业、仪表控制行业、钢铁等材料工业的发展，促进高科技及高端产业的发展，有利于经济转型。

3.1.3　清洁能源技术进步推动西部地区清洁能源发展

西部地区清洁能源开发必须依托于清洁能源技术快速进步，清洁能源技术的快速发展使得清洁能源开发无论横向广度（涉及能源品种）还是纵向深度（如创新技术、降低成本、关键部件的设计和制造等）都有着极大的扩展空间。随着科教兴国、技术强国战略的实施和推进，我国清洁能源利用技术不断改革创新，能源利用效率不断升高，发电成本日益降低。

风电制造业集中度显著提高,我国整机制造企业由"十二五"初期的 80 多家逐步减少至"十二五"末期的 20 多家。风电技术水平明显提升,关键零部件基本实现国产化,5 000~6 000 千瓦大型风电设备已经商业化运行,特别是低风速风电技术取得突破性进展,为在更大范围内充分利用我国风能资源储备了关键技术。中国风电机组单机功率从 2005 年的 750~850 千瓦增加到 2012 年的 1 500~2 000 千瓦,从 2013 年开始,主要由 1 500 千瓦和 2 000 千瓦风电机组占据主体地位,3 000 千瓦以上机组数量呈增长趋势。风电发电成本持续下降,度电成本已从 2010 年的 0.50~0.60 元降低到 2017 年的 0.46 元,并有继续降低的空间,我国已启动风电平价上网试点项目。国际能源署发布的《2015 风能技术路线图》公开报告显示,从 2010 年到 2015 年,全球新建陆上风电场的度电成本下降,在某些国家可下降高达 30%,2015 年至 2020 年,预测新建陆上风电的度电成本将有望再下降 10%。到 2050 年,风电发电成本将降低到 0.35 元/千瓦时及以下。

国外光伏发电技术进步方面,日本 Kaneka 公司研发出一款由薄层硅制成的太阳能电池,其实验转换效率达到 26.3%,再次创造新的世界纪录,比之前的纪录提高了 0.7%;德国弗朗霍夫利用 Topcon 技术研制的 N 型多晶电池转换效率达到 21.9%,刷新了世界纪录;斯坦福研究组钙钛矿-硅基叠层电池转换效率达到 23.6%。2016 年迪拜电力和供水机构(Dubai Electricity and Water Authority,DEWA)与阿布扎比未来能源公司(Masdar)签署的购电协议中,光伏成交价格为 2.99 美分/千瓦时;2017 年 3 月晶科能源签订的阿联酋 Sweihan 太阳能光伏发电项目,报价为 2.42 美分/千瓦时。光伏发电已初步具备经济性,在全球多个地方已经低于传统发电成本,实现平价上网。光热发电技术也取得了长足进步,并逐步开始试点示范工作。我国光伏电池技术创新能力大幅提升,创造了晶硅等新型电池技术转换效率的世界纪录,天合光能研发的大面积 6 英寸全背电极太阳电池效率达到 24.13%,创造了新的世界纪录。我国已建立了具有国际竞争力的光伏发电产业链,突破了国外对多晶硅生产技术的封锁,多晶硅产量已占全球总产量的 40%左右,光伏组件产量达到全球总产量的 70%左右。技术进步及生产规模扩大使光伏发电成本持续下降,我国光伏组件价格已由 2007 年的 36 元/峰瓦下降到 2017 年的不足 4 元/峰瓦,系统价格由 2007 年的 60 元/峰瓦下降到 2017 年的不足 9 元/峰瓦,未来仍将呈现下降趋势。2013 年,我国西部大型地面光伏电站的发电成本为 0.7~0.9 元/千瓦时,东部地区光伏发电成本为 0.9~1.2 元/千瓦时,2017 年光伏发电的平均度电成本已降低到 0.57 元。

对于水电而言,我国已具备成熟的大型水电设计、施工和管理运行能力,自主制造投运了单机容量 80 万千瓦的混流式水轮发电机组,掌握了 500 米级水头、35 万千瓦级抽水蓄能机组成套设备制造技术。高原、复杂地质条件地区的水电开发技术进步,使西藏地区的水电开发成为可能。

生物质资源利用方面,"十二五"期间,组织实施了多项有关生物质液体燃料的科技项目和重点专项,以推动生物质液体燃料规模化利用并实现其替代石油提供技术支撑。生物质成型燃料方面,近年来我国生物质成型燃料技术与设备研究取得了明显进展,生物质成型的关键技术取得突破。生物质发电技术已成为我国技术最成熟、发展规模最大的生物质利用技术。藻类等能源植物的培育与能源化转化方面,国内起步较晚,通过一些科技项目,取得了一些研究成果。总体而言,沼气工程、混燃发电、热电联产、成型燃料与供热,目前已具备产业化应用条件,随着技术进步,热解多联产技术、液体燃料技术等将是未来发展的重要方向。

地热能开发利用方面,我国已有几十年的中低温地热能直接利用经验,但在深层高温地热钻井、干热岩地热资源开发利用技术方面,仍与世界先进水平存在差距。未来随着核心技术的突破,地热资源的技术可开发量和利用形式将大大增加。

核能技术方面,核能技术功能多样化、容量系列化,可以满足多元化和多梯次的能源需求,内陆核电技术可以逐步突破,如低温供热堆、大型、小型压水堆、高温气冷堆等;能够提供蒸汽发电、供热,或者直接提供工业用蒸汽;高温堆能够提供高温气体用于工艺热,乃至实现制氢,推动能源向资源转化。

3.1.4 国际能源合作日趋深化

随着我国深度融入世界经济体系,对内对外开放相互促进,开放型经济新体制加快构建,创新驱动发展战略深入实施,促进了能源科技实力的显著提升,我国在国际能源合作和治理中将发挥更加重要的作用。

"一带一路"能源合作全面展开,中巴经济走廊能源合作深入推进。我国能源企业海外投资积极布局"一带一路"沿线国家,由我国企业在海外签署和建设的电站、输电和输油输气等重大能源项目多达40个,已经涉及19个"一带一路"沿线国家。电力、油气、可再生能源和煤炭等领域技术、装备和服务合作成效显著,已经超越了原有的单纯的产品走出去,走出去的深度和广度被重新定义。核电国际合作迈开新步伐,成为中国高科技和高端制造业走向世界的一张"国家名片"。双多边能源交流广泛开展,我国对国际能源事务的影响力逐步增强。中国倡议探讨构建全球能源互联网,推动以清洁和绿色方式满足全球电力需求[1],实现人类共享清洁能源,为我国特高压输电技术走向世界,实现人类共同体发展,贡献中国智慧和力量指明方向。通过日趋深化的国际能源合作,西部的清洁电力能

---

[1] 习近平出席联合国发展峰会并发表重要讲话. http://www.xinhuanet.com/world/2015-09/27/c_1116687800. htm, 2015-09-27。

源在我国自主知识产权的特高压输电技术支持下能够输送到"一带一路"沿线国家,扩大消纳范围,实现共同发展,提高清洁能源利用水平,促进国际节能减排和全球能源转型。

3.2 西部清洁能源发展存在的挑战

3.2.1 就地消纳能力有限,"三弃"问题严重

电力系统是发、输、用实时平衡的庞大系统,大规模新能源接入之前,常规电源通过调节出力,平衡负荷波动。风电、光伏发电出力具有较强的随机性和波动性,其大规模接入电力系统后,会显著影响电网的安全运行和清洁能源电力的消纳,系统调峰能力不仅要满足平衡负荷波动的要求,还需平衡随机波动的新能源电源出力。部分时段新能源出力波动可能会超出系统调节范围,为保持系统功率平衡,满足社会的用电负荷,将不得已弃掉部分清洁能源电量。例如,西北可再生能源峰谷差接近1 400万千瓦,约是负荷峰谷差的1.4倍;西北光伏装机约2 000万千瓦,由于西北各地光伏发电特性接近,午间光伏大发时段,光伏出力(按0.7的同时率考虑)将占用电负荷的近1/5,消纳难度很大,若风电也同时大发,则可再生能源调峰资源更加紧缺,加之西北地区冬季供暖期、夏季汛期往往与可再生能源大发期耦合,调峰能力严重不足问题覆盖全年各时段。我国电网的调峰能力不足且调峰形式较单一,电源结构不尽合理,调峰能力的技术进步和工程建设尚不能满足快速增长的清洁能源发展和用电负荷变化的需要。根据《电力发展"十三五"规划(2016-2020年)》,到2020年,中国抽蓄机组调峰容量仅占发电总装机的2%左右,远远不能满足清洁能源发展的需求。西北地区供热机组容量占火电比例达47%,其中甘肃、新疆分别为46%和76%,热电机组在供暖期只有15%~25%的调峰能力,其高比重、高负荷率运行和企业自备电厂不参与调峰,更加剧了冬季供暖期的调峰困难。2017年全国水电弃水电量约515千瓦时,其中四川弃水电量(弃水调峰)约156亿千瓦时,云南约288亿千瓦时;2017年,西部个别省(区)的弃风、弃光情况依然严重。甘肃弃风率33%、弃风电量92亿千瓦时,新疆弃风率29%、弃风电量133亿千瓦时,内蒙古弃风率15%、弃风电量95亿千瓦时。弃光主要集中在新疆和甘肃,其中,新疆(不含新疆生产建设兵团)弃光电量28.2亿千瓦时,弃光率22%;甘肃弃光电量18.5亿千瓦时,弃光率20%。

3.2.2 跨省消纳存在省间壁垒

西部风、光资源目前以大规模集中式开发为主,所在地区偏远、负荷小,需

要同时平衡用电负荷波动和清洁能源发电的随机性波动，这些因素造成西部大多数地区自身消纳清洁能源发电的能力有限，需跨省跨区消纳，在全国范围内实现清洁能源优化配置。但我国电力发展长期以来按省域平衡，清洁能源以就地消纳为主，缺乏跨省跨区消纳政策和电价机制。特别是近期电力供大于求，常规电源电力跨省跨区消纳尚存在壁垒，清洁能源由于没有配套的国家计划，加之具有随机性，以及电网调峰辅助服务机制不健全问题，跨省跨区消纳的壁垒更加突出。出现一些地区清洁能源电力被弃掉，而另一些地区还在发展和使用化石能源发电的怪现象。

西部地区电网发展相对滞后，跨省跨区通道规划建设滞后于清洁能源项目，当地电网结构较为单薄，"西电东送"能力有限，不能适应大规模清洁能源快速发展和大规模、远距离输送的要求。以甘肃为例，2015 年甘肃酒泉风电基地装机规模已超过 1 200 万千瓦，太阳能发电近 600 万千瓦，而酒泉—湖南特高压直流工程 2015 年 5 月核准建设，2017 年才投产，外送通道建设滞后 2~3 年，导致大量可再生能源电力无法上网。

3.2.3　工程造价与发电成本较高

同火电工程相比，现阶段清洁能源发电工程的单位造价仍较高。据测算，2017 年投产的火电工程造价为 3 234 元/千瓦，风电工程造价为 7 500 元/千瓦，光伏发电工程造价 6 500 元/千瓦，生物质发电工程造价约为 8 000 元/千瓦。对比不难发现，清洁能源发电的单位造价明显高于常规电力的造价成本。虽然技术进步使清洁能源发电成本大大降低，但现阶段大部分的清洁能源发电成本与火电相比仍无优势，火电为 0.30~0.40 元/千瓦时，风电为 0.46 元/千瓦时，光伏发电为 0.57 元/千瓦时，秸秆生物质能源发电成本为 0.65~0.90 元/千瓦时。因此，大部分清洁能源发电与火电等发电方式相比，需要国家的大力支持与电价补贴。

3.2.4　对生态环境的影响尚需长期监测研究

风电对环境的影响主要分为两个阶段，其一是施工期间的影响，风电场在施工期对地表原有生态系统造成破坏。施工期间的挖土与回填土工程将破坏地表形态和土层结构，造成地表裸露、植被破坏、土壤肥力受损，导致水土流失的发生。在湿地生态系统中施工，会导致土壤结构和地表植被被改变，改变底栖生物的生活环境，导致风电场范围内底栖生物的消亡。云南在风能开发过程中十分注重风电场的生态保护和修复，从风电场植被恢复工程实施过程中得到的经验有：使用当地物种恢复当地植被和区系，禁止引入新的有害外来物种，尽量利用当地乡土树种及草种进行绿化及美化，保护生物多样性。另外，由于人类活动、交通运输工具、施工机械的机械运动，相应施工过程中产生的噪声、灯光等可能对鸟类栖息地和觅食的鸟类产生一定影响，但这种影响是局部的、短期的、可逆的，当工程建设完成后，其影响基本可以消除。

其二是运行期间的影响，风电机组的叶片看上去旋转较为缓慢，但由于尺寸巨大，如5 000千瓦风电机组的叶轮直径为139米，其在叶尖的最高线速度能超过300千米/小时，近10年来，国外已有不少风电机组转动导致鸟类和蝙蝠撞击伤亡的报道和相关研究。例如，2010年美国对发生鸟类因撞击风电机组而死亡的46个风电场的调研报告表明，死亡率最高为1.4只/（万千瓦/年），大多数风电场低于0.4只/（万千瓦/年）。同时，随着风电机组朝东部沿海人口密集区域、分布式能源的发展，风电机组带来的噪声问题也不容忽视。风电机组噪声包含持续性和宽频谱特征，会对人类的生产生活带来严重干扰，风电机组噪声还会干扰鸟类、蝙蝠等生物的导航和定位功能。根据本次调研，我国尚未发现在风电场有鸟类死亡的现象，但需长期跟踪调研。

未来应在以下几方面开展研究：风电机组噪声的产生机理及特性，风电机组噪声高精度分析方法，风电机组噪声对生物物种的干扰和作用机制，风电机组对生物的干扰理论体系和相应的评估方法、评估准则，以及高效生物保护技术等。

对于太阳能发电来说，依据国外研究，铺设太阳能光伏电池板会显著改变当地的地表反照率和地面辐射平衡，进而对铺设区域的气候产生影响；太阳能光伏发电系统对气温的影响与自身的能量转化率相关，当转化率达到20%可产生冷却效果，当达到30%时，冷却作用可达到0.15℃。此外，对地表水蒸发及植物生长的影响也需观察和积累。

我国水力资源蕴藏丰富的地区，往往也是自然环境良好、生态功能重要、生物物种丰富和地质条件脆弱的地区，生态系统敏感度较高、稳定性相对较差。受历史原因和认知水平的限制，水电开发在一定阶段存在"保护让位于开发""保护跟不上开发"的现象，对一些河流的水生生态、景观环境等造成难以恢复的影响，部分河段的水电开发与生态保护的矛盾仍然突出。具体影响，如截断河道改变鱼类栖息环境；水库流速减小，稀释自净能力降低，水体富营养化，高坝出库水温低，对坝下水生物和沿岸农作物生长造成影响；水库水位升降可能产生新的地质灾害；水库泥沙淤积，清水下泄对坝下游河道冲刷；等等。在水电开发利用过程中需要妥善处理水电开发与生态保护的关系，坚持将生态优先的原则贯穿到水电规划开发的全过程，维护好河流的生态系统健康和独特的人文自然景观。

对于生物质能而言，能源作物种植能够提高环境效益，但能源作物种植和加工对生态系统、土地利用、土壤、大气、生物多样性都有潜在影响。种植过程中若化学药剂和肥料使用不当，导致酸化和氮类化合物的流失，容易引起地表水和土壤污染，同时，氮肥的使用能够引起氨化作用和甲烷释放。乙醇、生物柴油、甲烷等不同的能源作物种植的原料需求不同，也需要考虑大气、土壤、水和其他环境因子的污染。生物质能源开发利用过程中，处理不当也可能会造成土壤退化、地下水水位降低、农药污染和废水污染等一系列的生态问题。因此，正确评价生物质能源的可持续性，需要考虑更多的因素，以及进行更深入的系统研究。

地热资源是在漫长的地质历史发展过程中形成的、含有多种矿物质和丰富热焓的流体资源，是安全、稳定、高效的可再生能源。按照热能梯级利用、流体循环利用的模式开发，不会产生环境地质问题。但是如果不规范、不科学开发也会对环境产生一定影响：①如果无序开发，超强度开采（超过其补给量及合理的水位下降量），会导致热储压力下降；②在地热流体矿化度较高的地区，由于回灌量偏小或没有进行回灌，尾水未进行处理就直接排放，容易造成水化学污染；③如果地热利用程度较低，没有进行热能梯级利用，地热尾水的温度仍然较高，容易造成热污染。因此，为保证地热资源的可持续利用，在开发利用过程中需要做到科学、合理、有序。

总之，我国发展清洁能源的时间不长，对环境、生态的影响需要长期跟踪研究。

3.2.5　相关政策及管理机制有待完善

1）定价机制不完善

我国清洁能源的定价机制经过多年的发展，已经形成了一种比较市场化的价格体制，但清洁能源与化石能源在相同环境生态标准下的保护性定价、优惠的信贷、鼓励性的产业政策仍然欠缺。国家增值税转型和战略性新兴产业税收政策不明朗，缺乏资金供应等政策方面的有力支持，这在一定程度上影响清洁能源发电产业，特别是西部经济不发达地区清洁能源发电产业的发展。

目前我国总体电价机制不尽合理。部分地区"西电东送"电价较低，没有"西电东送"的积极性；发电、输电工程的审批、建设不同步，造成大量弃风、弃光和弃水；"西电东送"要求送基荷以增加输电线路利用小时数，造成受端电网调峰困难，以及煤电机组需大面积深度调峰；等等。

2）管理机制不完善

长期以来，我国电力都是以省域平衡、就地消纳为主，缺乏清洁能源跨省跨区消纳的政策。我国清洁能源资源禀赋与负荷需求呈逆向分布，西部地区风、光、水资源富集，清洁能源装机容量大，与之形成鲜明对比的是，西部地区人口密度不高、企业较少、电力需求小；而东部地区人口密集、企业较多、用电需求巨大，十分依赖电力输送。资源与需求逆向分布的能源布局，加之目前我国"西电东送"通道不足、系统调节能力差距较大，又无明确的跨省跨区输电市场管理、政策体系，造成了西部地区清洁电力就地消纳不了、又送不出去，弃风、弃光、弃水现象严重的现状。

3）产业布局不合理

西部地区产业结构布局不合理。首先，西部地区第一产业长期以传统农业为主，现代农产品、现代技术和组织方式缺乏；第二产业低端化比重高，产能过剩问题严重；第三产业中新兴产业占比较低，仍以传统流通贸易为主。其次，西部地区虽然拥有较强的资源优势和较低的转移成本，但自身产业调整创新驱动不足，创新成果少且成果转化率低，科研经费投入强度相比东部地区偏低。最后，西部地区存在较高的地域性壁垒，产业结构调整过程中的跨区域合作与跨区域产业体系构建不足，且西部地区长期以来市场化水平较低，市场机制不完善，人才数量、教育科研机构数量都较少。总体看来，西部地区第一、第二产业发展较落后，用电量需求偏低。

针对西部地区产业布局现状，首先应消化过剩产能，淘汰落后产能；其次应在现有基础上进行产业升级，引入新技术、新设备、新生产组织方式，发展战略性新兴产业和高技术产业。通过西部地区产业结构调整与升级，增加本地用电负荷，提高西部地区自身的清洁能源消纳能力，改变以电为单一用能方式的状况，实施多元化利用。

3.3 小结

（1）西部地区清洁能源未来大发展是全国能源结构优化升级的必然要求，是支撑西部经济社会发展的重要基石，随着清洁能源技术的进步、成本的降低和国际合作的进一步深入，西部地区清洁能源的发展将迎来良好契机。

（2）西部地区清洁能源发展面临随机性和波动性大、调峰能力不足、就地消纳难度大、跨省跨区消纳存在壁垒、工程造价和发电成本较高等挑战，此外，西部地区清洁能源发展对地表植被、鸟类栖息、局地气候等生态环境造成的影响还需进行长期跟踪研究，还存在定价机制和管理机制不完善、产业布局不合理等问题。

4 西部地区清洁能源定位与发展战略

4.1 西部地区清洁能源定位

4.1.1 西部地区清洁能源的总体定位

国家《能源发展"十三五"规划》已明确未来能源发展战略导向，即超前布局、积极稳妥推进建设周期长、配套要求高的水电和核电项目，全面协调推进风电开发，推动太阳能多元化利用，因地制宜发展生物质能，加强电力系统调峰建设。由于地理位置、自然环境和发展基础等原因，西部地区经济、社会发展普遍落后于东部地区，为促进区域协调发展，提高西部地区经济和社会发展水平，国家在21世纪初开始实施西部大开发战略，目的是把东部沿海地区的剩余经济发展能力，用以提高西部地区的经济和社会发展水平、巩固国防。西部地区既是打赢脱贫攻坚战、全面建成小康社会的重点难点，也是我国发展重要回旋余地和提升全国平均发展水平的巨大潜力所在。西部地区清洁能源开发是把西部地区清洁能源资源优势变成经济发展优势、经济社会发展的动力源，也是国际能源合作的重要战略通道承载地和桥头堡。

西部地区化石能源资源丰富，天然气和煤炭储量占全国的比重分别高达87.6%和39.4%，是国家大型油气生产加工储备、煤炭煤电煤化工基地。西部地区还有丰富的清洁能源资源，风能资源技术可开发量占全国风能资源的78%；光伏资源技术开发量全国占比达98.7%；光热资源技术开发量全国占比接近100%；高温地热资源高达150亿吨标准煤；铀矿资源占全国总储量的52.2%；西南水能资源技术可开发量占全国的81.7%，目前尚有2.55亿千瓦水电未开发，待开发水电占比超过67%，且西部地区幅员辽阔、人烟稀少，适合建设大规模清洁能源电站。丰富的清洁能源资源和地理优势，为西部地区清洁能源和经济社会的发展提供了得天独厚的条件，西部清洁能源在我国能源安全保障和能源结构调整中承担更重要的角色。积极发展西部的风电、太阳能、水电、生物质能、地热能及核能等清洁能源，对于我国大力发展非化石能源，加快清洁化、低碳化进程，助推绿色发展、生态发展具有深远的战略意义。

"一带一路"国际合作背景下,西部地区应充分利用区位优势,深度融入世界经济体系,以"一带一路"倡议为契机,通过构建联通中亚、南亚、东南亚的电力输送通道,扩大清洁能源的消纳范围,实现跨国的水火互济,提高清洁能源利用水平,促进世界能源转型。

预计到2020年、2035年和2050年,西部地区清洁能源总装机将分别达到3.4亿千瓦、6.9亿千瓦、9.3亿千瓦,占全国总装机的17.7%、25.1%和32.5%,将分别满足全国7.4%、12.5%、17.5%的电力需求,西部地区清洁能源发展情景预测如表4-1所示。

表4-1 西部地区清洁能源发展情景预测

年份	全国电力总装机/亿千瓦	西部地区清洁能源总装机/亿千瓦	西部地区清洁能源装机占比	全社会用电量/万亿千瓦时	西部地区清洁能源发电量全国占比
2020	19.2	3.4	17.7%	8.1	7.4%
2035	27.5	6.9	25.1%	11.0	12.5%
2050	28.6	9.3	32.5%	10.6	17.5%

资料来源:国家发展和改革委员会能源研究所《中国可再生能源发展路线图2050》、《中国2050高比例可再生能源发展情景暨路径研究》,国家发改委和国家能源局《电力发展"十三五"规划(2016-2020年)》

西部清洁能源发展应统筹清洁能源发展与市场消纳、清洁能源与其他能源、清洁能源与电网发展的规划;建立有利于西部地区清洁能源消纳的市场化机制;通过加强调峰电源建设和管理、合理控制供热机组和自备电厂发展规模、明确自备电厂要参与系统调峰、增强多能互补与综合利用、研发和推广不同类型储能应用等手段,促进西部清洁能源的快速发展和高效消纳。

4.1.2 西部地区清洁能源的发展利用定位

西部地区丰富的水能、风能、太阳能等清洁能源大多需要转化为电能,才能实现大规模开发和大范围的高效率利用,西部地区具备建设成为我国清洁能源发电基地的资源禀赋。因此西部地区清洁能源的发展重点是以发电方式为主、其他利用方式为辅,定位为建设成为我国重要的清洁能源发电基地。应全面考虑各种能源种类的功能定位,让化石能源主要发挥其资源特点,而让可再生能源发挥其发电的优势,因能制宜地发挥不同能种的功能。

西部各地应结合各省(区、市)清洁能源的资源禀赋特性,依托自然资源优势发展清洁能源。例如,青海光照资源丰富,可推进光伏产业链发展,建立大型光伏发电基地。抓住人才、技术、资金等关键环节,发展好光伏一条龙全产业链,让清洁能源更好地造福人民。应提高西部乃至全国终端能源中的电能比例,使我国总能源消耗中，用于电能转换的比例早日达到和超过世界平均水平，尽量把电力的蛋糕做大。为此，应进一步结合西部各省（区、市）清洁能源的资源禀赋特性，因地制宜、因能制宜地建立西部清洁能源发展思路，坚持统一规划、有序实施，形成基地开发与分布式开发并举，以及能源输出与就地消纳并重的发展模式，明确西部地区满足自身能源需求和全国能源基地的战略定位。

1）优化西部地区能源基础设施布局

有序推进金沙江、雅砻江、大渡河水电开发，以及凉山州风电基地和金沙江、雅砻江风光水互补示范基地等的建设。继续加大"西电东送"力度，稳步推进西部水电、风电基地外送电通道建设，重点实施一批西部地区至华中、华东等的输电通道建设。推动川藏联网，研究滇藏联网。加强农村电网改造升级，提升农网供电可靠性和供电能力。统筹西部地区清洁能源开发与消纳利用、清洁能源与其他电源、清洁能源与电网发展规划；建立有利于西部清洁能源消纳的市场化机制。加快可再生能源开发利用，以西南水电基地为重点积极开发水电，重点建设新疆、酒泉和内蒙古西部三大风电基地，加快发展太阳能发电，大力推广分布式光伏发电系统，开展甘肃、宁夏、内蒙古可再生能源综合示范区建设，培育准东、哈密、敦煌、柴达木、内蒙古西部等风光电清洁能源基地，培育和发展青海太阳能利用示范省、甘肃、新疆风能利用省（区）和四川、云南、西藏水能利用示范省（区）的建设。

2）推动西部地区传统产业转型升级

建设乌鲁木齐、酒泉、重庆、德阳等地的风电装备、光伏产品研发生产基地，研发更大型风电机组、低成本太阳能光伏电池、生物质液体燃料技术，建设云南、广西、内蒙古等生物质能源研发生产基地。在工业园区推广定制化智能用电服务，提高需求侧响应水平，以适应新能源的随机波动性，提高新能源消纳能力。全面推进传统行业节能改造，实施工业园区节能改造工程，加强园区能源梯级利用，推进集中供热制冷制度。

3）创新西部地区可再生能源发展方式

以西南地区主要河流为重点，积极有序推进大型水电基地建设，合理优化控制中小流域开发，确保水电有序建设、有效消纳。统筹规划，合理布局，继续做好金沙江中下游、雅砻江、大渡河等水电基地建设工作；适应能源转型发展需要，优化开发黄河上游水电基地。加快推进雅砻江两河口、大渡河双江口等调节性能好的控制性水库建设；加快金沙江中游龙头水库研究论证；积极推进龙盘水电站建设，提高流域水电质量和开发效益。推进跨流域的更大范围水电的优化调度，提高水能利用率和调峰能力。

在充分挖掘西部地区风电消纳能力的基础上，借助"三北"地区已开工建设和明确规划的特高压跨省跨区输电通道，按照"多能互补、协调运行"的原则，统筹风、光、水、火等各类电源,在大力扩大消纳能力和落实消纳市场的前提下,最大限度地输送清洁能源,扩大清洁能源的配置范围,促进清洁能源电力消纳。

在资源条件好、具备接入电网条件、消纳能力强的中西部地区,在有效解决已有弃光问题的前提下,有序推进光伏电站建设。推动西部资源条件好、具备消纳条件、生态条件允许地区的太阳能热发电基地建设,充分发挥太阳能热发电的调峰作用,实现与风电、光伏的互补运行。综合考虑地质条件、资源潜力及应用方式,在青藏铁路沿线、西藏、四川西部等高温地热资源分布地区,新建若干万千瓦级高温地热发电项目,对西藏羊八井地热电站进行技术升级改造。在水力资源丰富的地区,利用水电调节能力开展水光互补或联合外送示范。结合风能、太阳能、水能等多种清洁能源发电的时空互补特点,以及水、热、电等多类能量的存储与调节能力,试点和推进清洁能源自身、清洁能源和常规能源发电互补、共赢的研究和工程实施。

4)推动西部贫困地区清洁能源扶贫

贯彻落实中央关于发展生产脱贫一批的精神,积极发挥当地资源优势,充分尊重地方和移民意愿,科学谋划、加快推进贫困地区水电重大项目建设,同等条件下优先布局和核准建设贫困地区水电项目,更好地将资源优势转变为经济优势和扶贫优势。研究建立针对贫困地区能源资源开发收益分配政策,将从发电中提取的资金优先用于乡村后续发展,增加贫困地区年度发电指标,提高贫困地区水电工程留存电量比例,落实和完善水电开发财政税收政策,让当地群众从能源资源开发中更多地受益。探索资产收益扶贫,在不改变用途的情况下,财政专项扶贫资金和其他涉农资金投入水电项目形成的资产,具备条件的可折股量化给贫困村和贫困户,尤其是丧失劳动能力的贫困户。对在贫困地区开发水电占用集体土地的,试行以给原住居民集体股权方式进行补偿,探索对贫困人口实行资产收益扶持制度,建立水电开发群众共享利益机制,让贫困人口分享资源开发收益。

加快推进农村地区散煤的电力替代工作,配套实施农网改造,大力推广以电代煤。因地制宜地推进农村沼气建设,加快发展小水电、太阳能、风能、生物质能等可再生能源。

大力推进西部地区光伏扶贫工作。光伏扶贫是国内首创的精准扶贫、精准脱贫的有效扶贫模式,被国家列为十大精准扶贫工程之一。目前,光伏扶贫的项目类型主要有四种,分别为户用光伏项目、村级光伏电站、光伏农业大棚、地面光伏电站。光伏发电清洁环保、技术可靠、收益稳定,既适合建设较大规模的集中式电站,还可以结合农业、林业开展多种"光伏+"应用。利用农户庭院、屋顶、农村荒山荒坡建设分布式、集中式光伏电站,增加农户、农村收入。国家能源局下发的《2018年能源工作指导意见》中指出,要"下达村级光伏扶贫电站规模约1 500万千瓦,惠及约200万建档立卡贫困户"。光伏扶贫项目已成为精准扶贫的新途径，兼具经济效益、环境效益、产业效益、社会效益，有利于人民群众增收、就业和生活方式的改变。

4.2 西部地区清洁能源发展模式

西部地区拥有丰富的清洁能源资源，清洁能源发电进一步大规模开发利用，将有助于提升全国清洁能源发电装机的比例，并促进全国终端能源清洁度的提高。根据各种清洁能源的资源分布情况和技术水平，西部地区应优先发展风电、太阳能和水电，因地制宜地发展生物质能和地热能，并根据西部地区用能特点探索核电合理化利用方式。

4.2.1 提高风电电网友好性和智能化水平

为实现西部地区大型风电资源大规模输送和高效利用，需要加强风电电网友好性和智能化水平，提高对风特性的认识，实现对风电场运维的智能化及"一机一控"管理，从而降低度电成本、高效利用风能。

1）提高风电功率预测精确性

通过精细化测风与风能资源分析技术，建立详细的风能资源数据库和信息滚动公布机制，建立完善的风流场模型——风电场设计（中尺度模型、热稳定性分析、GIS、复杂地形及计算流体力学、尾流模型），全面部署风电功率预测预报体系——风电场运行（中尺度模型及降尺度模型研究、气象观测数据、风电场数据、中短期数值气象预报技术、人工神经网络、风电场控制）。

2）提升风电场电网友好性

深入研究风力发电机组及风电场性能特性，挖掘设备辅助服务潜力，提升风电场电网友好性（电压调节、频率调节、故障穿越、无功功率调节、次/超同步振荡控制技术等）。

3）提升风电场运行效率与可靠性

通过研究基于风电场效率提升的智能感知与协同控制技术、基于失效模型和失效机理的智能感知与协同控制技术、基于大数据的风电场运维管理技术、基于预测与健康管理的风电场资产管理技术，提升风电场运行效率与可靠性。

4）实现风电场运维的智能化管理

基于风电大数据的智能诊断，提高状态监测系统诊断的自动化程度，逐步实现在线故障预警诊断；风电大数据的标准与规范化；建立风电大数据的标准化采集和存储格式，保障大数据分析平台在数据层面的兼容性，为更高层次和更大规模的大数据分析打下基础；搭建测风数据管理系统和风电场智能集控平台，采集秒级数据并在线进行大数据分析,为风电场在线监视、能效评估、设备性能比选、优化风电机组控制策略、优化运维计划等提供技术支持。

在智能运维方面,实现风电设备的发电性能分析、电站发电损失成因分析和电站运维质量评估,基于风电机组的结构和动力特性优化风电场运行策略,开展结合风资源评估技术的机组能效指标分析工作,准确客观地分析辨别电量损失的机理成因,区分选址、风资源、运维水平、风电机组控制水平和风电机组质量等问题对发电量造成的影响。构建风电机组的智能维护方案,在建立专家分析系统的基础之上搭建故障模型,指导维护工作的顺利进行,并降低风电机组的运行风险。

5)建立风电技术公共研发平台

建立、完善风电技术公共研发平台(国家投资的非营利机构)、行业管理和技术标准及规范。加强风电知识体系、教育体系建设,以及人才培养体系和科技人才队伍建设。

4.2.2 太阳能光伏光热综合发展

1)太阳能光伏发电发展方式

目前太阳能光伏产业发展主要依靠国家政策推动,从电站建设到上网电价都需要财政补贴支持。经过多年的跨越式发展,光伏发电已初具规模,特别是西部地区,依靠丰富的太阳能资源和广袤的土地资源,加之国家的大力支持,西部地区的光伏发电的规模已遥遥领先全国其他地区。随着规模的扩大和技术的成熟,国家的财政补贴政策呈逐步下调趋势,这给光伏发电带来了一定的压力。西部地区经济基础薄弱,就地消纳能力不足,通过电网向东部地区输送是光伏发电消纳的主要途径。

2)太阳能发电和热利用技术发展方式

(1)太阳能光热发电。目前太阳能光热发电技术较为成熟,但是还存在某些技术短板和造价偏高的问题,为此,应积极开展相应的研究,重点研究方向包括发展高效率太阳能集热技术、大容量蓄热技术、新型高效太阳能光热发电技术、全生命周期的回收利用技术,以及以热电联产为重要手段发展清洁能源城市。

(2)太阳能光热直接利用方面。太阳能光热直接利用技术最成熟,转换效率较高,价格低廉,尤其是中低温的热利用,由于热源和热负荷二者品位都较低,因此,从能源的有效利用来说是最为经济和合理的。太阳能热利用可分为低温热利用、中温热利用和高温热利用。主要发展的方向集中在干燥、蒸馏、供暖、太阳能热水、空调制冷、制盐、聚焦型太阳灶、焊接机和高温炉等方面。此外,也应积极探索直接利用镜场将太阳光热进行聚焦来处理废旧材料的研究,以实现废旧材料的回收再利用，如飞机碳纤维、金属再冶炼等。

未来对于太阳能光热的利用需要与产业的需求紧密结合，为高能耗产业提供能源，以取代电能的消耗。也可在社区、学校、医院等场所与储能设备、光伏发电相结合构成微能源网，实现冷热电三联供。

（3）建设光伏-光热联合电站。带储热的光热电站可有效稳定太阳能发电的波动问题，且光热电站的储热时间越长，上网电量越多，弃光电量越少。因此，在满足电力市场对可持续供电电源需求的情况下，可利用光热电站发电有蓄能能力的特殊优势，将光热发电与光伏发电打捆上网，可有效提高太阳能上网电量，降低太阳能发电的弃光率。

（4）积极发展太阳能城市。建筑是节能减排、利用清洁能源的重要载体。西部地区太阳能资源十分丰富，可以通过建筑载体推广太阳能发电，实现节约化石能源、降低能耗和改善能源结构的目的。积极发展太阳能城市，一是规划建设增能型太阳能建筑，使城市建筑和高效、低成本的太阳能发电紧密耦合；二是在道路两侧绿化带铺设柔性太阳能电池板，建设分布式光伏电站。大力发展增能型建筑，建设光伏道路、光伏厂房等，充分利用普遍存在的太阳能资源。

3）太阳能的其他利用方式

除光伏发电和太阳能热发电外，太阳能还有多种利用方式，太阳能制氢技术就是其中一种。太阳能-氢能系统既能够实现工艺过程的清洁化，也可通过太阳能制氢并储氢，弥补太阳能低密度和不稳定的缺陷。太阳能制氢技术包括太阳能发电电解水制氢、太阳能热解水制氢、太阳能热化学循环裂解水制氢、太阳能光电化学制氢和太阳能光生物化学制氢等。

（1）太阳能热解水制氢。水可以直接分解产生氢气和氧气。该反应是强吸热反应，需要在很高的温度下进行。根据水热解过程在不同压力和温度下的热化学平衡曲线，到 2 000℃以上水蒸气才开始分解，因此，寻找足够高温度的热源是实现水热解制氢的前提。太阳能可利用集热器产生高温，以满足热解水的反应条件。

（2）太阳能热化学循环裂解水制氢。热化学循环裂解水制氢是使水在 800~1 000℃下进行催化热分解，制取氢气和氧气。太阳能产生高温，利用碘-硫热化学循环或其他循环制取氢气。太阳能可利用集热器产生高温，以满足制氢反应条件。

（3）太阳能光电化学制氢。1972 年日本 Fujishima 和 Honda 研究发现 TiO_2 单晶电极在光照条件下能够分解水产生氢气，开辟了利用太阳能光催化分解水制氢的新途径。光催化分解水制氢就是在催化剂和光照条件下水的分解过程。作为催化剂的半导体，受到能量相当或高于其半导体禁带宽度的光线照射时，半导体内的电子受激发从价带跃迁到导带，从而在价带和导带上分别产生电子空穴和自由电子，水分子在电子-空穴的作用下发生电离，生成氢气和氧气。

（4）太阳能光生物化学制氢。太阳能光生物化学制氢是一种将无机半导体和微生物酶（如氢化酶、固氮酶）耦合起来制氢的反应体系。这类制氢体系产氢的机理是：光激发半导体产生导带电子，通过电子中继体甲基紫精将电子传递给生物体外的酶或细菌中的酶，再用酶催化产生氢，而半导体价带空穴位则为体系中的电子给体清除。

4.2.3 在保障生态环境下积极开发水电，加强"西电东送"

水电发展是我国能源和电力发展的重要组成部分。未来水电发展的重点在西部地区的四川、云南、西藏和青海四省（区）。水电发展的指导思想是落实创新、协调、绿色、开放、共享的新发展理念，进一步转变水电发展思路，把发展水电作为生态文明建设、能源供给革命、确保能源安全供应、转变能源发展方式、促进贫困地区发展的重要战略举措。发展水电的同时，做好生态环境保护和移民安置工作，以西南地区金沙江、雅砻江、大渡河、黄河和西南跨界诸河等大型河流为重点，有序推进大型水电基地建设。

今后我国水电发展应坚持"一条主线、两个重点、三大任务、四项保障"的发展思路。

一条主线：是指坚持优先积极发展水电的方针不动摇。

两个重点：加快重点开发区域（四川、云南、西藏、青海）和重点河流（金沙江、雅砻江、大渡河、黄河、西南跨界诸河等）水电建设。重点区域和重点河流水电发展以大中型水电为主。

三大任务：是指基地建设、"西电东送"和流域管理。基地建设是指，积极推进千万千瓦级大型水电基地的开发，即重点推进金沙江、雅砻江、大渡河、黄河上游、长江、乌江、南盘江红水河、西南跨界诸河等千万千瓦级大型水电基地建设。"西电东送"是实现我国电力资源优化配置的一项战略性举措，是西部大开发战略的标志性工程之一，应结合大型水电基地的建设，重点推进中部通道和南部通道的建设，将西部水电送往华东、华中和南方地区。流域管理是指，促进流域梯级开发和跨流域调度，使水能效益充分发挥的管理机制。

四项保障：是指做好移民安置、协调生态环保、兼顾地方发展和提高技术水平四项保障措施。

重点开发区域是今后我国水电开发的重点区域，重点是主要河流干流水电开发。协调处理好干流与支流的关系、开发与保护的关系，通过水电开发带动地方经济社会发展。对金沙江、雅砻江、大渡河、黄河、西南跨界诸河等大型河流进行开发，重点开发区域水电应坚持内需和外送并举的原则，在满足自身需求的基础上，推进"西电东送"建设。

河流干流一般水量较大、落差集中，开发规模相对较大，适宜规模性开发。西部地区主要河流干流水力资源超过 3.6 亿千瓦，占全国的一半以上，目前开发程度不足 50%。我国规划的水电基地水力资源大多分布在主要河流的干流，应将河流干流作为水电开发的重点地区。对于满足当地需求的电源，应根据工程所在地区经济发展和电力需求情况，适时开发。对于满足外送需要的河流和电力工程，应结合受电区域电力需要、工程特点等合理拟定开发时序。

在开发过程中统筹干流与支流的关系，根据生态环境保护要求、流域发展的总体需要等，优化开发支流水电。大中型水电站多位于河流的干流地区，具有较好的规模效益，特别是西部金沙江、雅砻江、大渡河、黄河上游和西南跨界诸河等河流干流规划电站均为大中型水电站。应从全国能源电力需求的角度，推进西部大中型水电开发进程，进一步加大抽水蓄能电站的规模和建设，加快电源结构调整力度。

4.2.4 重点开发液体燃料，梯级利用生物质能

我国西部地区应按照因地制宜、统筹兼顾、综合利用、提高效率的思路，发展生物质能源，改善西部地区，尤其是西部农村地区能源结构，解决农村能源贫困问题、促进地区经济发展，保护农业生态，改善农村环境，保障农业可持续发展和农民增收。以西部地区较为丰富的能源作物和农作物秸秆资源为依托，加快推进生物质液体燃料产业发展，打造我国重要的生物质液体燃料生产基地。

一是坚持分布式开发。根据资源条件，确定项目布局，因地制宜地确定适应资源条件的项目规模，形成就近收集资源、就近加工转化、就近消费的分布式开发利用模式，提高生物质能利用效率。同时兼顾与西部地区化石能源融合发展，形成互补、集成转化的产业格局。

二是坚持战略与需求双导向。立足生物质液体燃料能量密度大的优势，着力推进生物质液体燃料产业发展。同时，发挥生物质布局灵活、产品多样的特点，因地制宜地促进生物质冷热电多联产、生物质锅炉、生物质与其他清洁能源互补系统等在当地用户侧直接替代燃煤，解决西部农村地区清洁能源供应不足问题。

三是坚持融入生态环保。将生物质能开发利用融入生态与环境保护体系，通过有机废弃物的大规模能源化利用，加强主动型源头污染防治，直接减少秸秆露天焚烧、畜禽粪便污染排放，减轻对水、土、气的污染，建立生物质能开发利用与环保相互促进机制。

四是坚持综合梯级利用。立足于多种资源和多样化用能需求，开发液体燃料、电、气、热等多元化产品，加快非电领域应用，推进生物质能循环梯级利用，构建生物质能多联产循环经济，促进西部地区经济社会可持续发展。

4.2.5 推进高温地热发电

我国的高温地热资源主要集中在板块构造活动比较强烈的西南地区，如西藏、滇西和川西。但是，我国高温地热资源或未被开发利用，或被以传统的方式直接利用，粗放的利用方式造成了我国高温地热资源的巨大浪费。缺乏合理规划，形成了高温地热资源无序开采的局面。充分开发利用高温地热资源，积极推进西南地区高温地热发电，充分利用地热发电调峰灵活的特点，因地制宜地建立多能互补的发电格局，符合我国当前能源革命需求，也是可再生能源开发利用的重要组成部分。

（1）积极推进西藏地区高温地热发电。在开发中坚持集中与分散开发利用并举，优化太阳能、地热能开发布局，形成稳定、清洁、安全、经济、可持续发展的综合能源体系。大力推广与建筑结合的太阳能、地热能发电，提高分布式利用规模。提高科技创新能力，发展太阳能、地热能相结合的发电技术，降低发电成本、传输成本。依托重点工程（如羊八井、羊易和古堆等地热田），推动重大核心技术和关键装备自主创新。具体来说，应积极推进羊八井深部地热能开发，完善羊八井电站基础设施及管理体制建设。另外，应扶持西藏羊易地热电站完成发电。

（2）在滇西地区实现地热资源与水力资源互补。滇西地处地中海-喜马拉雅地热带东南延伸部位，适宜对水力和地热资源进行综合开发，地热资源具有的稳定、高效等特点可以实现水力、地热能的互补，是解决当地居民用电稳定难题的有效途径。"十三五"期间，应根据地热能资源特点和当地能源利用状况，因地制宜地开展地热能的开发利用，结合各地地热资源特性及各类地热能利用技术特点，鼓励地热能与水力的综合开发。到2030年实现滇西地区地热能发电、供暖与制冷等多种形式的综合利用，对于优化滇西地区能源供给是至关重要的。

（3）积极推进川西地区高温地热田勘查开发。川西地区高温地热资源丰富，"十三五"期间应重点在康定、理塘和巴塘地区进行勘查开发，实现地热能供暖与制冷等梯级利用，到2030年实现川西地区高温地热发电。一是政府引导，市场推动。政府积极推动川西地区高温地热资源勘查工作，建立有利于地热能发展的政策框架，引导地热能利用技术进步和产业发展，同时，充分发挥市场配置资源的基础性作用，建立产学研相结合的技术创新体系，鼓励各类投资主体参与地热能开发，营造公平市场环境，提高地热能利用的市场竞争力。二是因地制宜，多元发展。根据地热能资源特点和当地用能需要，因地制宜地开展地热能发电、地热能供暖，以及地热能发电、供暖与制冷等多种形式的综合利用。三是加强监管，保护环境。坚持地热能资源开发与环境保护并重，从勘查阶段便建立地热能综合利用环境监测与管理体系，提高地热能开发利用的科学性。建立地热能开发利用环境影响评估机制，加强对地质资源、水能资源和环境影响的监测与评价，促进地热能资源的永续利用。

4.2.6 探索核电池式低温供暖示范

核电是稳定、洁净、高能量密度的能源，在西部清洁能源开发中能够发挥独特的作用。核能技术多样化，可以提供并满足多元化和多梯次能源需求。例如，低温供热堆能够提供蒸汽发电、供热，或者直接提供工业和民用蒸汽；高温堆能够提供高温气体用于工艺热，乃至实现制氢，推动能源向资源转化。

利用核能取代燃煤锅炉治理关中城市群大气污染问题研究——池式低温核能供热堆有"零堆熔、零排放、易退役"的特点，建议"尽早规划，有效沟通，先行先试，加快建设，促进转型，尽早见效"，及早试点并逐步推广用核能供热替代燃煤。

核能低温供热堆不同于核电站，在堆型特点和设计理念都不同的条件下，池式低温供热堆固有安全性高、零堆熔、零排放、易退役的特点。设计参数低、系统简单、运行技术成熟，建设周期能缩短到3年以内，运行寿命到60年，与燃煤供热具有竞争性。

有针对性地推荐池式低温供热堆方案，通过示范工程建设来发展核能供热，能够优化能源结构、促进制造业升级、拉动核能相关产业发展，解决发展和能源、环境相制约的矛盾。

池式低温供热堆是我国自主研发且已经过小规模试验的合理可行的燃煤替代清洁能源，环保效益显著，与国内外其他核能供热技术方案比较，具有固有安全性高、系统可靠性好、运行稳定、操作简单等诸多优势，在经济性上与热电联产具有可比性，并远远优于燃气，因此，池式低温供热堆是应对碳减排和雾霾治理及环境改善问题的理想供热替代能源，市场推广前景十分广阔。

建议按照"政策引领、市场运作"的原则，以低温供热示范工程为核心，组建专业的核能供热开发公司。选定示范区，确定用户集群，按照安全性、经济性、可行性原则，以池式低温供热堆机组建设为突破口，积极稳妥推进核能供热示范项目建设落地。

核能供热的经济性具有多重优势，一是成本可控，价格具有竞争力。经过初步的投资估算和财务分析，总投资约13.5亿元的单堆（40万千瓦）工程可供热面积为1 000万~2 000万平方米，建设周期能够缩短到3年以内，运行寿命可以达到60年，且全部设备能够实现自主化。在全年5个月的采暖期内，供热价约30元/吉焦耳，与燃煤供热锅炉房供热价相当，远低于80~100元/吉焦耳的燃气供热价格。每年仅节约碳税和运输成本就达到3 000万元。因此，核能供热具有较大的市场竞争力，可作为燃煤热电联产和集中供热的理想替代热源。二是核能供热低碳清洁，社会效益显著。相对于化石能源供热，核能供热低碳、清洁，环保效益明显。一座 40 万千瓦的核能供热堆每年可替代 32 万吨燃煤或 16 000 万立方米燃气，比燃煤减排烟尘 3 200 吨、二氧化碳 52 万吨、二氧化硫 6 000 吨、氮氧化物 2 000 吨、灰渣 10 万吨，比天然气减排二氧化碳 26 万吨、氮氧化物 1 000 吨，而放射性物质排放仅为燃煤的 2%左右。如果能进一步统一核能供热堆的管网建设，做到冬可采暖、夏可制冷，则能带动核能供热、制冷和辐照加工等新兴产业的发展，既能落实绿色低碳能源发展战略，又可有效支撑城镇化建设，社会效益显著。

4.2.7 加强多能互补及开放互联

充分利用能源基地的资源组合优势，发展多能互补的输电和消纳方式。西南是我国重要的水电基地，建设坚强的西南送端电网平台，能够更好满足四川、西藏、云南等地区大型水电基地特高压直流外送需要，保障川、藏、滇地区电力安全可靠供应。西北是我国重要的风电、太阳能发电基地，与西南水电互补性很强。将西北风电和光伏发电通过特高压直流输电方式送入西南电网，通过西南电网实现水、风、光互济运行，既能根本解决川藏"丰余枯缺"矛盾，保证丰水期送得出、枯水期不缺电，又能促进我国西部水电、风电、光伏发电加快开发与外送，推动清洁能源发展。充分利用青海、甘肃、宁夏、内蒙古、四川、云南、贵州等省（区）大型综合能源基地的风能、太阳能、水能等资源组合优势，充分发挥流域梯级水电站的调峰能力，建立配套电力调度、市场交易和价格机制，开展风光水储多能互补系统一体化运行，提高电力输出功率的稳定性，提升电力系统消纳风电、光伏发电等间歇性可再生能源的能力和综合效益。

4.3 西部地区清洁能源发展思路

4.3.1 基地和分布式双轮发展思路

我国清洁能源发展呈现集中开发为主、分布式开发为辅、就地消纳和跨区域输送并重的特点，西部清洁能源应推动基地和分布式双轮发展。

4.3.1.1 西部地区大型清洁能源基地发展思路

1）大型清洁能源基地

我国清洁能源主要分布在西部地区，2/3 以上的能源需求集中在中东部。能源资源和需求逆向分布的特点，决定了西部发展大型清洁能源基地，并通过特高压输电技术远距离外送的发展思路。发展西部地区大型清洁能源基地可实现更大范围水火互济、风光互补、大规模输送和优化配置。

具体来说，西北地区、青藏高原和云贵高原 80 米高度年平均风速大于 8 米/秒，可大力开发大型风电基地；新疆、内蒙古、甘肃、青海、西藏 5 省（区）具备大规模优先开发利用光伏的用地面积和太阳能资源条件；四川、云南、西藏是水电的重点开发区域，四川、云南属于开发大型水电基地，仅西藏需根据水力资源分布与负荷分布情况，分别考虑大型水电基地建设和分布式双轮发展规划。

2）支撑西部大基地的电网发展思路

电网支撑大型清洁能源基地的基本思路是：发展远距离、大容量、资产利用率高、经济成本合适的输电技术，实现清洁能源资源在更大范围内的优化配置。

我国西部地区的清洁能源基地与中东部负荷中心地区的距离一般为 800~3 000 千米，清洁能源的外送和消纳需要依赖远距离、大容量输电技术的发展，以实现清洁能源资源在更大范围内的优化配置。发展远距离、大容量且经济成本合适的输电技术，进一步扩大"西电东送"规模，实施北电南送工程，将是未来消纳西部地区清洁能源的重要途径和技术手段。其中，柔性直流输电技术是未来输电技术的主要发展方向之一。该项技术的研发与工程应用，将提供改善电网结构、提高运行安全稳定性的技术措施，解决受端电网直流多落点问题，为消纳西部地区清洁能源提供了有效手段。

4.3.1.2 西部地区分布式清洁能源发展

1）支撑西部地区分布式清洁能源发展的电网发展思路

分布式、微网也是西部地区清洁能源未来发展的方向，西部地区要因地制宜，积极推进分布式清洁能源的开发建设，加强配电网升级改造，建设智能配电网。电网支撑分布式清洁能源发展有多种途径，包括分散布局的小规模分布式能源系统就近接入地区配电网；用柔性直流、低频送电等先进输电技术，支持可再生能源分布式开发，更多地消纳分布式光伏、风电；发展智能电网，支持风电、太阳能发电等直供大用户和新型用户（如电动汽车），并与用户双向互动。

2）分布式发电解决无电地区电力供应难题

在西部偏远无电地区，可发展分布式能源解决电力供应难题。

（1）发展分布式电源，结合分布式电源+储能（电池）模式建立微电站。分布式发电中，储能系统的作用是：一方面，可以提高分布式系统的稳定性，适量的储能可以在分布式发电单元不能正常运行的情况下起支撑作用；另一方面，储能可支撑分布式发电单元作为可调度机组的功能运行，实现与大电网的并网运行，提供削峰、紧急功率支持等服务。通过配置储能设备，可以提高微电站的自我平衡能力，增加清洁能源就地消纳的比重。

（2）发展独立型微网。该类微网不与常规电网相连接，利用自身的分布式电源满足微网内负荷的需求。西部边远地区人口密度低，生态环境脆弱，扩建传统电网成本高。但边远地区风、光等可再生能源丰富，因此利用本地可再生分布式能源的独立微网是解决西部边远地区供电问题的合适方案。当独立型微网内存在可再生能源分布式电源时，常常需要配置储能系统以抑制分布式电源的功率波动。

4.3.2 市场机制建设思路

我国目前弃风、弃光、弃水问题严峻，西部地区"三弃"问题尤为突出。省间壁垒严重、市场和政策机制建设不健全是造成上述问题的重要原因。需要充分利用电力交易中心的平台，通过市场手段利用电价杠杆解决清洁能源消纳难题。为此，需加快进行以下工作。

一是建设全国统一的电力市场。判断弃风、弃光、弃水，调节并发布实时电价；电力市场机制有助于负荷侧响应，通过市场机制激励各方参与者帮助弥补清洁能源发电波动性；"负电价"与"零电价"可促进可再生能源更好地响应市场供需形势，减缓固定上网电价机制下可再生能源与用电负荷的矛盾。

二是进一步积极推进负荷侧主动响应和参与电网调节的能力，适应高比例清洁能源并网条件下系统的调节需求。未来的电网在用电侧将实现用户智能用电、科学用电，构建经济、灵活、便捷的用电方式。普通用户采用太阳能等小型分布式电源发电，实现不能自给时从电网买电，自用有余时向电网卖电；在电动汽车应用密集区，如商场停车场、居民小区等建立充电桩和充电站，同时建立配套的电池更换站，实现充放电双向互动机制。通过合理的市场体制和规则，引导用户根据实时电价和用电信息，避开用电高峰对电动汽车进行充电，达到移峰填谷的效果。用智能电表代替传统电能表，通过双向互动服务平台的信息交互，以市场化的电价和规则引导用户的用电需求，减小电力负荷的峰谷差，适应高比例清洁能源并网条件下系统的调节需求。

三是加快现货市场研究，拓展日前和实时清洁能源交易。紧密跟踪电改综合试点现货市场建设及清洁能源跨省跨区交易情况，及时总结经验和存在问题，不断完善日前和实时电力市场建设方案；依托清洁能源超短期预测相对准确的优势，加快拓展日前和实时清洁能源交易（包括跨省跨区），进一步促进清洁能源消纳。

四是尽快研究清洁能源竞价上网和跨省跨区价格疏导机制，厘清输配电价，促进清洁能源跨省跨区消纳。根据国家能源局关于清洁能源竞价上网的有关规定，以及国家发改委关于完善跨省跨区输电价格的有关要求，分析研究清洁能源竞价上网价格疏导机制，建立专项资金池等解决方案，提出新增收益的分配机制，据此开展相关工作。

4.3.3 西部地区清洁能源"一带一路"发展思路

"一带一路"倡议是我国主动应对全球形势变化、统筹国际国内两个大局做出的重大战略部署,为西部地区加快发展打开了另一扇机遇之门。这些年,在深入实施西部大开发战略背景下,西部地区发展步伐显著加快,但受地理区位、资源禀赋、发展基础等因素的影响,与东部地区相比仍有很大差距。"一带一路"倡议将构筑新时期我国对外开放的新格局,推进西部地区和沿边地区对外开放步伐,为西部地区跨越式发展提供契机。

"一带一路"沿线国家要素禀赋各异,发展水平不一,发展优势差异明显,与我国西部地区存在优势互补和互利共赢的合作空间。西部地区要明晰各自的功能定位、产业布局、资源整合等重大事项,促进与沿线国家的上下游产业链和关联产业协同发展,积极寻找与沿线国家合作的契合点,加强清洁能源资源开发、装备、技术、电网互联合作,以及电力供需互济,推动水电、核电、风电、太阳能等清洁能源的跨国合作,形成能源资源合作上下游一体化产业链。

以"一带一路"建设为契机,重点深化同巴基斯坦、塔吉克斯坦、吉尔吉斯斯坦、老挝、越南、泰国等周边存在电力短缺国家的合作。相关资料统计,吉尔吉斯斯坦、老挝、越南等国每年电力缺口分别约为14亿千瓦时、25亿千瓦时和90亿千瓦时。其中,吉尔吉斯斯坦、塔吉克斯坦与我国新疆地区接壤,两国水电装机比重高(分别占总装机的80%和94%),夏季电量富余,冬季电量短缺,与我国电力存在明显的互补。通过构建联通中亚、南亚、东南亚的电力输送通道,可以充分发挥中亚、东南亚地区的水电和气电装机优势,同时也能发挥我国西部地区风电和光伏发电优势,实现跨国的能源互济,促进国际节能减排,为构建绿色"一带一路"提供支撑。

"一带一路"连接了欧洲和东亚两大经济圈,其沿线是世界核能发展的热点和关键地区,代表世界核能的未来,是我国核工业走向世界的关键市场,前景十分广阔。从国际核电市场需求看,共有72个国家已经或正在计划发展核电,其中在"一带一路"上的国家有41个,"一带一路"周边还有11个国家正在发展核电。据统计,到2020年全球将新建约130台核电机组,到2030年前这一数字将达到300台(其中我国国内约占30%)左右,"一带一路"沿线国家和周边国家将占到新建机组数的80%左右。如果我国能够在2030年前获得"一带一路"沿线20%的市场份额,即约30台海外核电机组市场,每出口1台核电机组,需要8万余台套设备,200余家企业参与制造和建设,可创造约15万个就业机会,单台机组投资约300亿元,考虑到天然铀、核燃料、运维、退役等全产业链的贡献,单台机组全生命周期直接带动约1 000亿元产值。30台机组将直接产生近1万亿元产值,创造500万个就业机会,全生命周期将产生约3万亿元产值。

白俄罗斯能源自给率不到55%，希望引进中国在清洁能源领域的技术和投资来发展风能、太阳能及生物质能，以提高能源自给率。近两年来，白俄罗斯与中国在清洁能源领域的往来日益密切，该国最大的水电站就是由中国承建的。白俄罗斯风电只有150万千瓦，太阳能电站也只有两三个，需要中国的帮助来提升清洁能源在能源产业的比重。巴基斯坦正在大力发展太阳能产业，希望利用中国的新能源科技。石油储量位于全球前列的伊朗，也正致力于发展清洁可再生能源。2014年初，伊朗启动可再生能源发展规划，到2021年将实现500万千瓦的光伏和风电装机容量。中国和伊朗在古丝绸之路时期就有很好的关系，"一带一路"倡议为两国合作带来了新机遇。伊朗欢迎中国投资者进入伊朗的可再生能源领域，希望投资者签署20年的长期合作协议，伊朗政府将为其提供补贴。

4.4 小结

（1）西部地区能源开发是我国经济社会发展的动力源，也是国际能源合作重要战略通道的承载地和桥头堡。全面考虑各种能源种类的功能定位，让化石能源主要发挥其资源特点，而让清洁能源发挥其发电的优势，因能制宜地发挥不同能种的功能，将西部地区打造成为我国重要的清洁能源发电基地。

（2）结合西部地区清洁能源的资源禀赋特性，因地制宜、因能制宜地建立西部清洁能源发展思路，坚持统一规划、有序实施，形成基地开发与分布式开发并举及能源输出与就地消纳并举的发展模式，明确西部地区满足自身能源需求和建设全国能源基地的战略定位。

（3）西部地区清洁能源利用方式：优化西部地区外送通道、综合示范区等能源基础设施布局；通过资源深加工、建设风电装备、光伏产品和生物质能源研发生产基地、定制化智能用电服务等，推动西部地区传统产业转型升级；通过河流流域的有序开发和跨流域综合调度、特高压输电通道建设、多类能量的互补与调节等，创新西部地区清洁能源发展方式；通过农村基础设施建设、电力替代、沼气建设等，建设西部地区绿色文明宜居乡村，继续大力推动清洁能源扶贫。

（4）西部地区清洁能源发展模式：提高风电电网友好性和智能化；光伏光热综合发展；在保障生态环境下积极开发水电，加强"西电东送"；以液体燃料开发为重点，梯级利用生物质能；利用地热资源优势，积极推进高温地热发电；探索池式核能低温供暖示范；加强多能互补及开放互联，保障高效发挥输电通道作用。

（5）西部地区清洁能源发展要遵循大型基地和分布式双轮驱动思路：甘肃、内蒙古等大型风电基地，青海、新疆等大型太阳能发电基地，四川、云南等大型水电基地，以及远距离、大容量、经济成本合适的输电技术等作远距离输电的电网支撑，智能配电网支撑分布式发电发展，用灵活的分布式发电解决无电地区电力供应。

（6）西部地区电力市场建设思路：建设西部地区乃至全国统一的电力市场，智能判断弃风、弃光、弃水，调节并发布实时电价，促进负荷侧主动响应和参与电网调节，建立可再生能源竞价上网和跨省跨区价格疏导机制，厘清输配电价等。

（7）西部地区清洁能源发展的"一带一路"思路：加强能源资源开发、装备、技术、电网互联合作，以及电力供需互济，推动水电、核电、风电、太阳能等清洁能源的跨国合作，形成能源资源合作上下游一体化产业链；重点深化同巴基斯坦、塔吉克斯坦、吉尔吉斯斯坦、老挝、越南、泰国等周边存在电力短缺国家的合作；通过构建联通中亚、南亚、东南亚的电力输送通道，充分发挥中亚、东南亚地区的水电和气电装机优势，同时也能发挥我国西部地区火电、风电和光伏发电优势，实现跨国的水火互济，提高清洁能源利用水平，促进国际节能减排；进一步加强与白俄罗斯、巴基斯坦、伊朗等国在清洁能源技术、装备和投资方面的合作。

5 西部地区清洁能源发展技术和产业发展路线图

5.1 风能技术发展路线图

5.1.1 重点发展技术

1）风能资源评估

重新认识我国 300 米以下复杂大气边界层风特性；提出适用于我国大型风电机组设计仿真和风电场流场仿真计算的风特性参数测量方法、计算方法及分类分级指标体系，满足西部地区复杂地形风电机组定制化设计需求；建立适用于我国气候和地形特点的数值模式和资源评估系统，实现雷达、卫星对风能资源的连续、多角度监测，建立资源监测网。

2）风电功率预测

面向风电预测的风能资源数值模拟与气象预报技术：突破边界层资源数值模拟、适用于风电功率预测的数值天气预报关键技术，建立风能资源数值模拟平台，数值预报精度达到 90%以上。

考虑资源相关特性的风电集群功率预测技术：突破集群划分及功率预测在线建模关键技术，针对不同运行状态风电场、不同预测时间尺度分别构建模型，实现对省级电网风电场集群不同时间尺度功率预测的快速全覆盖。

风电功率概率预测与事件预测：突破多扰动条件下的概率预测方法，建立风速快速波动等极端事件预测，实现对现有确定性预测的有益补充。

3）整机技术

在高时空分辨率天气预报技术和基于风电机组模型的主控优化策略发展的前提下，针对我国复杂地形和大集群风电项目特点，强化整机技术，实现对风电机组的一机一控。开发新型风电机组设计、风电场建设和运行技术，充分利用低风速资源和分散的风能资源提高风能利用率。

4）试验检测

研究 120 米级叶片气动性能及可靠性试验评价技术；研究 15 兆瓦级风电机组传动链地面试验技术，建立 15 兆瓦级风电机组传动链地面公共试验系统；研究大型风电数模混合实时仿真实验技术，研制风电机组数模混合仿真实验平台；为新型机组开发及性能优化提供检测认证和技术研发的保障，切实提高公共技术平台服务水平。

5）智能运维

结合我国风资源特性研究成果，完成基于大数据的风电场设计优化控制技术研究与示范应用，发展我国复杂地形、复杂环境风电场设计优化方法，开展基于大数据的智能运维关键技术研究与示范应用，掌握风电大数据的采集处理和数据知识挖掘技术，开发风电数据采集和挖掘系统；掌握基于大数据的智能化运维优化策略，研制智能运维关键设备，开发基于人工智能的运维系统，为我国风电场智能化、信息化、高效化和可靠性运行提供技术支撑。

未来基于全生命周期的风电资产管理，将打通全生命周期的数据链条，将运维大数据分析结果反馈给设计环节，提高风电场设计阶段发电量评估的可靠性，主要体现在风电场无侵入高频数据采集，为大数据分析提供细节信息。

6）风电环境友好性研究

基于典型风电场案例，研究风电开发对生态环境影响的评估标准与评估方法。全面研究风电开发对环境、生态、鸟类生长与迁徙等的影响及解决对策。在风电场规划、选址阶段将这些因素纳入研究要素，实现从源头上将风电开发环境生态的不利影响消除或减小，实现能源开发与环境保护的双赢。研究环境友好型风电机组制造技术、施工技术。

7）风电电网友好性研究

深入研究风力发电机组及风电场性能特性，挖掘设备辅助服务潜力，提升风电场电网适应性（电压调节、频率调节、故障穿越、无功功率调节、次/超同步振荡控制技术等）。

5.1.2 技术发展路线图

风能技术发展路线图如图 5-1 所示。

5 西部地区清洁能源发展技术和产业发展路线图

阶段	2017~2020年	2021~2035年	2036~2050年
风能资源评估与风电功率预测	利用测风塔建立资源监测网，以雷达、卫星等技术作为补充		
	面向风电预测的风能资源数值模拟与气象预报技术		
	考虑资源相关特性的风电集群功率预测技术		
	多扰动条件下风电功率概率预测与事件预测		
整机技术	强化整机技术，实现对风电机组一机一控		
	开发新型风机设计、风电场建设和运行技术		
试验检测与智能运维	大型陆上风电机组试验检测体系建立		
	基于大数据的风电场设计优化控制技术		
	基于大数据的智能运维技术		
	风电机组全生命周期管理技术		
风电环境及电网友好性研究	研究风电开发对环境生态影响的评估标准与评估方法		
	研究环境友好型风电机组制造技术、施工技术		
	挖掘设备辅助服务潜力，提升风电场电网适应性		

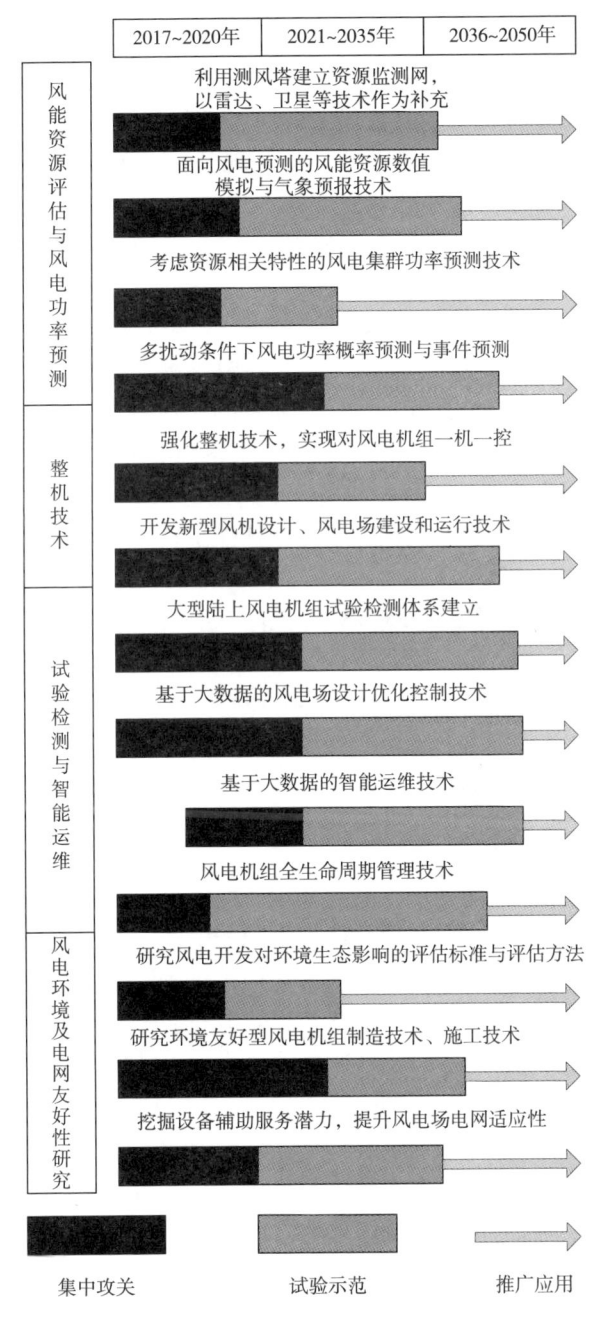

图例：集中攻关　试验示范　推广应用

图 5-1　风能技术发展路线图

风能发展目标：

到 2020 年，进入风力发电技术创新型国家的行列，基本建成中国特色能源技术创新体系。拥有满足中国复杂风资源特性的风电机组设计标准和具有自主知识产权的风电场微观选址和设计软件；实现基于大数据的风电场精细化开发和智能化运维；风电成本不断降低，实现风电平价上网目标；建立风电项目开发建设对生态和环境影响的评价方法和指标体系，提出 2050 年我国风电发展的规划布局。

到 2035 年，跻身世界能源技术强国前列。风能技术实现从集中式到分布式、关键部件、整机设计制造到风电场开发、运维到标准、检测和认证体系全面完备的研发体系，与世界先进水平同步；建立完善的大功率机组设计制造技术体系，全面实现装备国产化和产业化，并占有稳定的国际市场。

到 2050 年，风电技术、装备和利用效率达到世界领先水平，成为世界风能利用技术的主要科学中心和创新高地，成为全球能源转型和环境治理的标杆。

5.2　太阳能技术发展路线图

5.2.1　太阳能光伏发电技术

5.2.1.1　重点发展技术

1）光伏电池组件技术

高效光伏电池是太阳能光伏发电的基本条件。目前实验室研究的晶体硅太阳能电池效率已经超过 25%，但高效晶体硅太阳能电池工艺过程复杂，实验条件苛刻，不适合产业化生产，将实验室的工艺规程转化成生产线的工艺流程需要进行大量的研究和投入。进行新材料、新工艺高效电池的研究，创新是发展的基础。新型光伏电池不断涌现，其中以钙钛矿电池最为突出，尽管目前尚不成熟，但新的突破随时都有可能带来革命性的变革。

2）逆变器技术

近年来，逆变器的发展呈现多样化的趋势，一方面，光伏电站的应用类型呈现多样化发展，大型荒漠电站、荒山荒地、渔光互补、农光互补、分布式屋顶等各种应用不断增多，对逆变器的要求日趋多样化。另一方面，电力电子技术、元器件等多种新技术的快速发展及与互联网技术的整合也带动逆变器产业的不断进步，逆变器正朝着更高效率、更高功率等级、更高直流电压、更智能化的方向发展。另外，随着全球可再生分布式能源的大规模应用，逆变器结合储能技术将是保障分布式光伏稳定运行和规模化应用的重要发展方向。

3）系统管控技术

随着光伏发电技术的日益成熟，大型并网光伏电站在国内得到了快速发展，同时太阳能光伏建筑一体化（building integrated photovoltaic，BIPV）也得到了广泛应用，这对光伏发电设备及并网设备等的监控和电站维护、运营管理的要求越来越高。监控系统在大型光伏电站中几乎已经普及，但在小型电站中普及率不到20%。随着大规模分布式光伏电站的接入，拥有大量集群光伏电站的业主对集中管理电站资产的需求日益强烈，针对电站现场的运行数据采集、设备运行监测与调控，综合运行质量评估将越发彰显对稳定可靠的大数据系统的依托。

4）大型光伏高压直流并网技术

西部地区并网光伏电站正在向大型化、集群化方向发展，一批百万千瓦级光伏发电基地相继涌现，然而边远地区电网比较薄弱，接入交流电网后的无功支撑、谐波谐振、低频振荡等问题非常突出。光伏阵列直流汇集、直流升压和直流接入电网的成本更低、效率更高，大型光伏发电基地和高压直流技术的结合是必然发展趋势。

5.2.1.2 技术发展路线图

太阳能光伏发电技术发展路线图如图 5-2 所示。

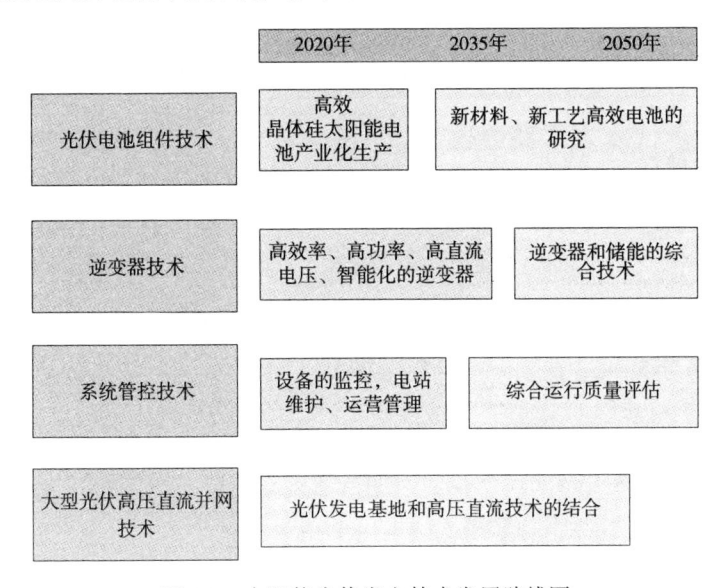

图 5-2 太阳能光伏发电技术发展路线图

太阳能光伏发电发展目标：

到 2020 年，将建设一批高压直流并网电站、储能式光伏电站。

到 2035 年，将普遍采用高压直流并网技术，提高光伏并网发电的品质；储能式光伏电站普及至 60%以上。

到 2050 年，基本实现发、储、输一体化光伏电站。

5.2.2 太阳能热发电技术

5.2.2.1 重点发展技术

太阳能热发电主要技术突破点如表 5-1 所示。

表 5-1 太阳能热发电主要技术突破点

太阳能热发电技术	聚光	吸热	储热形式	发电
槽式	反射镜尺寸和精度，支撑结构优化设计	改进吸热部件，其他类型的传热工质，提高运行温度	熔融盐斜温层储热器	透平的效率
塔式	镜场布局和定日镜尺寸优化，跟踪系统成本优化	其他类型的传热工质，提高运行温度，改进循环技术	熔融盐储热容器的可靠性及斜温层储热，固体材料储热	透平的效率
碟式	支撑结构优化设计，反射镜尺寸优化	—	开发适宜的相变储热材料和换热系统	斯特林发动机的效率和容量
菲涅尔	反射镜自动组装工艺，反射镜优化	改进吸热部件，提高运行温度	开发适宜的中高温液体熔融盐储热系统	透平的效率

5.2.2.2 技术发展路线图

不同技术形式的太阳能热发电技术路线如下。

1）槽式太阳能热发电技术

2020 年，大容量槽式太阳能热发电站将以导热油槽式热发电技术为主流，并伴随着规模化电站的建设，打造中国完善的太阳能热发电产业链，槽式太阳能热发电站单机装机容量 5 万千瓦，蓄热时长超过 4 小时，总装机容量超过 100 万千瓦。2020 年后，以熔融盐、直接蒸汽发生为代表的槽式新一代技术将逐步发展，并开始商业化应用；2025 年以后将逐步成为槽式发电的主流技术，储热温度在 380~450℃，采用硝酸熔融盐储热，三元盐体系是发展的方向。到 2035 年，大容量槽式太阳能热发电站中融盐槽式热发电站成为槽式热发电市场主流技术，蓄热时长超过 9 小时，可实现 24 小时不间断发电，预计装机总量超过 3 000 万千瓦；到 2050 年，预计槽式太阳能热发电站装机总容量超过 8 000 万千瓦。

2）塔式太阳能热发电技术

直接蒸汽发生塔式太阳能热发电技术是 2020 年前的主流太阳能热发电技术之一，2020 年，作为第三代技术的熔融盐技术将逐步完善并推向商业化应用，大容量融盐塔式热发电站中融盐塔式太阳能热发电站单机装机容量达到 5 万~10 万千瓦，蓄热时长超过 4 小时，总装机容量达到 100 万千瓦；二氧化碳超临界太阳能热发电站将完成兆瓦级超临界二氧化碳太阳能热发电示范电站。到 2035 年，以超临界二氧化碳、空气及粒子集热器为代表的第四代塔式太阳能热发电技术将逐步得到商业化应用，相应地发展高温储热和固体储热材料和技术，包括粒子、泡沫和多孔材料储热技术。大容量融盐塔式热发电站中高参数融盐塔式太阳能热发电站作为塔式热发电的主流技术，单机装机容量超过 10 万千瓦，蓄热时长超过 9 小时，实现 24 小时不间断发电，装机总容量超过 4 000 万千瓦。二氧化碳超临界太阳能热发电在技术上走向成熟，主要用于太阳能调峰电站，总装机容量超过 1 500 万千瓦。到 2050 年，塔式热发电站装机容量超过 1 亿千瓦。

3）碟式技术

2020 年前后，我国适应于太阳能碟式发电技术的太阳能斯特林机设计与制造技术逐渐完善，逐步推向商业化应用，带动我国太阳能热发电技术在分布式电力系统中的发展。

4）菲涅尔技术

以 DSG（direct steam generation，直接蒸汽发生）技术为主的菲涅尔太阳能热发电技术涉及的膨胀机等在 2020 年前后逐步成熟，推动我国太阳能热电联产技术在规模化电站发展及与工业领域用能相结合的电热联产系统领域应用。

5）储热技术

储热材料和储能设备在未来 40 年中将逐步发展和改进。太阳能热发电技术发展路线图如图 5-3 所示。

太阳能热发电发展目标：

根据国家能源局《太阳能发展"十三五"规划》，光热装机规模到 2020 年完成 500 万千瓦。按当前光热电站建设每瓦 30 元的造价水平，短期 100 万千瓦示范项目对应 300 亿元投资市场规模，而到 2020 年的 500 万千瓦目标对应的总市场容量接近 1 500 亿元，考虑造价成本的降低因素，空间也可超千亿元，我国光热发电已经开启新的历史转折。

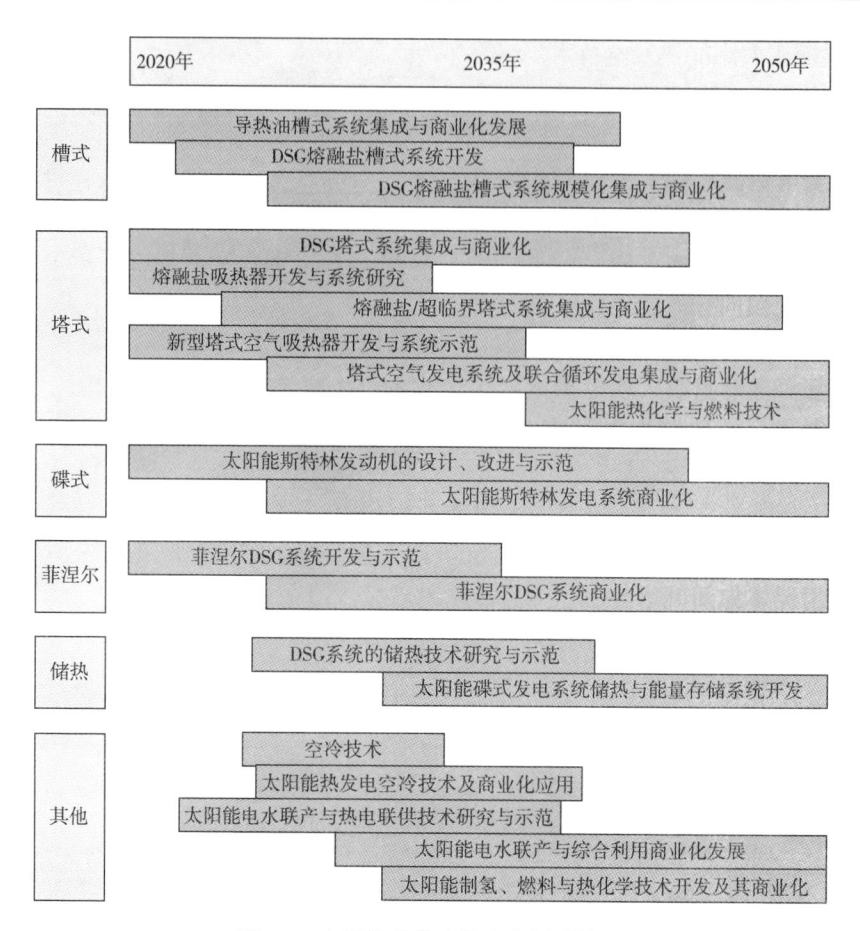

	2020年	2035年	2050年
槽式	导热油槽式系统集成与商业化发展 DSG熔融盐槽式系统开发	DSG熔融盐槽式系统规模化集成与商业化	
塔式	DSG塔式系统集成与商业化 熔融盐吸热器开发与系统研究 新型塔式空气吸热器开发与系统示范	熔融盐/超临界塔式系统集成与商业化 塔式空气发电系统及联合循环发电集成与商业化 太阳能热化学与燃料技术	
碟式	太阳能斯特林发动机的设计、改进与示范	太阳能斯特林发电系统商业化	
菲涅尔	菲涅尔DSG系统开发与示范	菲涅尔DSG系统商业化	
储热	DSG系统的储热技术研究与示范	太阳能碟式发电系统储热与能量存储系统开发	
其他	空冷技术 太阳能热发电空冷技术及商业化应用 太阳能电水联产与热电联供技术研究与示范	太阳能电水联产与综合利用商业化发展 太阳能制氢、燃料与热化学技术开发及其商业化	

图 5-3 太阳能热发电技术发展路线图

根据国际能源署预测，中国光热发电市场到 2030 年将达到 2 900 万千瓦装机，到 2040 年翻至 8 800 万千瓦装机，到 2050 年将达到 1.18 亿千瓦装机，成为全球继美国、中东、印度、非洲之后的第五大市场。以此推算，未来中国光热市场有望撬动 1 万亿级资金。

5.3 水能技术发展路线图

5.3.1 重点发展措施

1）改善水电经济性和市场竞争力

合理分摊，综合利用投资。水电项目建设及运营期间，各部门不分摊建设投资及年运行费，水电站承担过多过重的综合利用任务，增加了工程建设投资，减少了水电发电收益，削弱了水电开发的经济性。对社会在综合利用任务方面，包括促进地方经济社会发展方面的诉求应进行有效鉴别，合理确定电站开发任务，保证水电开发的合理权益。

优化水电工程设计方案。在保证水电工程安全运行的前提下，积极采用新技术、新工艺、新设备和新材料，通过优化建筑物和设备设计、减少工程占地和其他资源消耗、优化施工组织方案设计等，达到减少工程量、降低工程造价、缩短建设工期的目的。

调整水电财税等政策。将待开发水电工程纳入财政、税务政策重点扶持项目，享受增值税优惠政策，对增值税部分实行即征即退的政策；所得税实行西部大开发减征政策；进一步推进税费改革，地方政府资源税分配要向资源产地基层政府倾斜。调整金融政策，待开发水电可参照西藏实行的特殊金融优惠政策。调整投资政策，加大中央财政性投资投入力度，提高国家有关部门专项建设资金投入藏区的比重，提高水电开发建设项目投资补助标准和资本金注入比例；中央预算内投资安排资金支持藏区水电开发重点项目前期工作。

制定更合理的水电上网电价机制。将大型水利工程建设基金转为西藏水电发展基金，降低上网电价，支持清洁可再生能源的开发利用。对流域梯级开发主体单一的流域，实行流域梯级统一上网电价，实现"以老补新"，为流域优化调度奠定价格机制的基础。将水电电量纳入绿证交易范畴，提升受端电网接受可再生能源的积极性。在水电上网电价中将发电以外综合利用功能加价部分进行分离，综合利用功能加价部分由政府补贴。

2）促进水库移民和库区可持续发展

探索建立水电开发利益共享机制。在加大贫困地区水电开发力度的同时，研究建立针对贫困地区能源资源开发收益分配政策，将从发电收益中提取的资金优先用于本水库移民和库区后续发展，增加贫困地区年度发电指标，提高贫困地区水电工程留成电量比例，落实和完善水电开发财政税收政策，让当地群众从能源资源开发中更多地受益。

协调和促进地方经济社会发展。深入研究水电开发与地方经济、社会协同发展任务和机制，协调水电开发与相关区域社会经济发展规划，安排必要的投入，改善发展环境，给地方经济发展注入新动力，社会和谐、稳定，反过来促进水电的可持续开发。

3）提高生态环境保护技术水平

需要采取积极措施，提高生态环境保护水平。现代的电站运行调度必须从考虑满足鱼类生存和繁殖条件出发，开展适应性的河流运行管理调度，这是维护河流生态环境可持续发展的根本。国内外大量实践已经证明,永久性拦河闸坝建设对河流生态的影响是可以通过过鱼设施、设置分层取水口等加以减缓或补偿的。

4）加强水电科学高效利用

我国各河流水电规划已基本完成并且大部分已按照规划实施了水电建设,需要进行总结,并在总结的基础上赋予水电规划在开发任务和功能定位等方面新的内容。对已经实施开发的河流进行水电优化利用规划,对已进行流域梯级规划的河流,若开发方案局部存在不合理现象,可对其流域梯级规划方案及功能进行优化调整；发挥水电运行灵活和调节作用,重新规划流域水电、风电、光电等多能互补,进行统筹开发,以发挥水电开发与风电、光电等可再生能源的更大功能。此外,要大力推进流域一体化管理、梯级电站和跨流域水电站群的联合优化调度,提高全梯级总体效益,提升全流域生态环境保护等综合利用功能；充分利用大数据、大系统统筹流域管理。加强基于电力市场的水电调度体系的研究与建设,提高水电未来参与市场竞价的能力。

5）加快西南跨界诸河水电前期工作和建设

西南跨界诸河是国家重要的清洁能源基地,开发程度低。为了保证国家能源可持续发展,应积极落实西南跨界诸河水电规划及开展相应的待建水电项目前期工作,为西南跨界诸河水电开发提供强有力的支持。加快西南跨界诸河水电开发进程,促进当地经济社会跨越式发展,需要制定西南跨界诸河水电开发的政策措施,加大财税和金融支持力度、创新机制妥善搞好水库移民安置、完善水电开发利益主要相关方的共享机制、制定合理的上网电价机制。

5.3.2 技术发展路线图

西部水电基地科学开发利用的总体路线时间进度图如图 5-4 所示。

水能发展目标：西部地区 12 个省（区、市）水电 2020 年争取建成 2.2 亿千瓦,2035 年争取建成 3.4 亿千瓦,2050 年争取建成 3.8 亿千瓦。

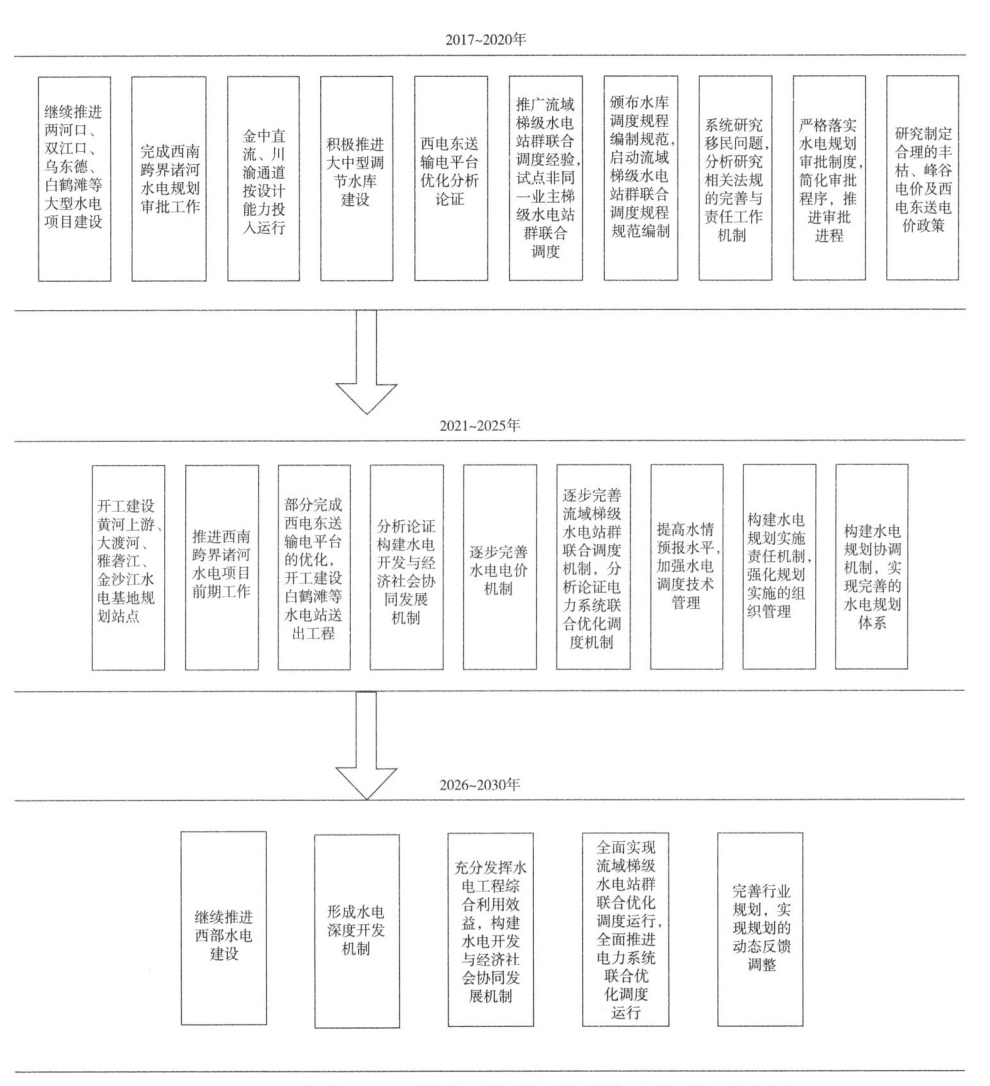

5 西部地区清洁能源发展技术和产业发展路线图

2017~2020年：继续推进两河口、双江口、乌东德、白鹤滩等大型水电项目建设｜完成西南跨界诸河水电规划审批工作｜金中直流、川渝通道按设计能力投入运行｜积极推进大中型调节水库建设｜西电东送输电平台优化分析论证｜推广流域梯级水电站群联合调度经验，试点非同一业主梯级水电站群联合调度｜颁布水库调度规程编制规范，启动流域梯级水电站群联合调度规程规范编制｜系统研究移民问题，分析研究相关法规的完善与责任工作机制｜严格落实水电规划审批制度，简化审批程序，推进审批进程｜研究制定合理的丰枯、峰谷电价及西电东送电价政策

2021~2025年：开工建设黄河上游、大渡河、雅砻江、金沙江水电基地规划站点｜推进西南跨界诸河水电项目前期工作｜部分完成西电东送输电平台的优化，开工建设白鹤滩等水电站送出工程｜分析论证构建水电开发与经济社会协同发展机制｜逐步完善水电电价机制｜逐步完善流域梯级水电站群联合调度机制，分析论证电力系统联合优化调度机制｜提高水情预报水平，加强水电调度技术管理｜构建水电规划实施责任机制，强化规划实施的组织管理｜构建水电规划协调机制，实现完善的水电规划体系

2026~2030年：继续推进西部水电建设｜形成水电深度开发机制｜充分发挥水电工程综合利用效益，构建水电开发与经济社会协同发展机制｜全面实现流域梯级水电站群联合优化调度运行，全面推进电力系统联合优化调度运行｜完善行业规划，实现规划的动态反馈调整

图 5-4　西部水电基地科学开发利用的总体路线时间进度图

5.4 生物质能产业发展路线图

5.4.1 重点发展技术

1）非食用植物油料制备生物柴油关键技术

研究非食用植物油清洁高效转化生物柴油技术；开发生物柴油合成高效化学固体催化剂，建立高效催化反应工艺；研究生物柴油合成高效绿色脂肪酶生产与

固定化应用工艺；研发化学酶法耦合合成生物柴油联合，使用固体酸催化剂催化酯化反应降酸及脂肪酶温和清洁催化酯交换反应绿色合成生物柴油工艺研究；开发连续式高效转化和分离技术及装备；以非食用植物油料为原料，集成创新制备生物柴油工艺技术与装备，建立万吨级生物柴油示范应用工程，实现非食用植物油清洁生产生物柴油规模化工程示范应用。

2）大型生物质热解液化（多联产）技术与装备

研究生物质热解制备高品位液体燃料目标产物高效富集为导向的分级冷凝调控机制，建立和完善生物质定向热裂解液化技术工艺体系；开发低能耗、低成本、原料适应性广的先进生物质选择性热裂解技术，解决设备大型化和连续运行中的强化传热、过程控制和能量梯级利用等关键问题；突破生物油高效分离技术，解决热解气分级冷凝、目标产物富集与调控等关键问题；开发大型生物质热解制备液体燃料装备。

3）低能耗、低成本生物油提质改性关键技术

开发低能耗、低成本生物质热解液体燃料提质改性技术和低成本催化剂，解决热解油转化为高品位动力燃料过程中的催化酯化、加氢、裂化等关键技术难题；开展热解油高效乳化、燃烧、热解副产物的高效协同利用等研究，解决热解油分质利用、副产物高值利用等问题；开发系列生物质热解液体燃料提质工艺装备。开展木质纤维素类生物质规模化选择性热解、热解气高效净化与分级冷凝、提质、燃料应用等关键技术集成研究，建立年均生物质处理量万吨级的木质纤维素类生物质热裂解制取液体燃料及副产品的热、电、化学品多联产示范工程，实现从原料收储、转化，到产物综合应用形成技术链和产业链。

4）纤维素醇类燃料制备与生物炼制关键技术

研究纤维素生物质降解酶系纤维素酶发酵生产工艺，培育和构建高耐受抑制物、高效转化五碳糖产乙醇、丁醇的混合糖发酵工程菌株；研究低成本、高效的纤维素酶制剂的生产与复配技术；研究预处理后纤维素非粮生物质固体酶解和同步糖化发酵产醇的技术及配套的新型反应器；研究低糖损耗的水解液抑制物脱除技术及高效产物分离技术。进行废弃物制备生物醇及精炼技术与装备集成研究，实现生产过程绿色、清洁及产品多元联产和终端产品高值化，建成万吨级示范工程，获得系统各单元的能效数据及整体经济性评价数据，培育纤维素废弃物生物醇规模化产业链。

5）高产油料能源植物规模化定向培育关键技术与示范

研究麻疯树、光皮树、文冠果、黄连木、油桐、山苍子和蓖麻等油脂产量性状遗传规律，创制高产、高含油、强适应性的核心新种质材料；常规技术（选择育种、杂交育种）、诱变育种和生物技术育种等方法结合，选育一批适应南方或北方不同区域工程化培育的油能源植物新品种；研究高含油植物功能性油脂代谢合

成与分布特征，以及树体调控、代谢调控和肥水调控等技术；研究开展新品种在劣质土壤（重金属污染、盐碱地、红漠化）修复和边际土地高产栽培技术；开展果实自动化采收设备与技术，以及矮化标准化栽培、规模化种植系统技术研究。研究建立基于机械化种（植）—抚（育）—收（获）的油料能源植物规模化、矮化、标准化定向培育技术体系；分区、分种类建立高产油能源植物新品种工程化定向培育示范基地 100 公顷。

6）生物质和燃煤质发电灵活耦合发电技术

生物质混燃发电，不是单纯燃用生物质，而是根据供应情况在煤中掺入一定量的生物质混合燃烧发电。生物质混燃通常是在燃煤发电锅炉中进行的，首先将生物质原料粉碎，通过输送装置送到炉前，由专用燃烧器将生物质燃料加入锅炉内，与煤混合燃烧。当生物质原料和燃煤的质量比不超过 1/4 时，高氯、高碱的生物质原料不会对锅炉产生腐蚀。生物质与煤混合燃烧模式基本不受生物质生产的季节性影响，有利于提高设备利用率和提高经济效益，具有较好的发展潜力。

由于目前国内缺乏对生物质原料混入量的监测手段，无法有效计量混燃发电项目的生物质使用量，从而导致使用该类技术的项目无法获得生物质能利用方面的补贴，阻碍了混燃发电技术的大规模推广应用。

5.4.2　技术发展路线图

生物质发电、沼气技术、成型燃料技术等均是生物质能源利用的重要方式，但生物质作为地球上唯一的可再生碳源，在液体燃料制取方面是其他可再生能源无法取代的，因此生物质液体燃料是西部地区生物质能源开发的战略重点。

在液体燃料方面，以开发油脂、淀粉和糖类能源植物和微藻等新型生物质资源为主，梯级利用、多联产的生物炼制是未来生物质液体燃料发展的重要技术方向。生物质液体燃料能量密度高，使用范围广，技术优势突出，是西部地区生物质能源中长期战略重点，也是中长期西部地区生物质能输出的重要战略依托。依据各生物质能转化技术现状、资源禀赋、自然条件、经济社会发展现状和现实需求等，生物质能技术发展重点包括热解多联产技术、燃料乙醇技术、生物柴油，高产油料植物的规模化定向培育等，2030 年以前，以上技术主要处于技术攻关与试验示范阶段。西部生物质能技术发展路线图如图 5-5 所示。

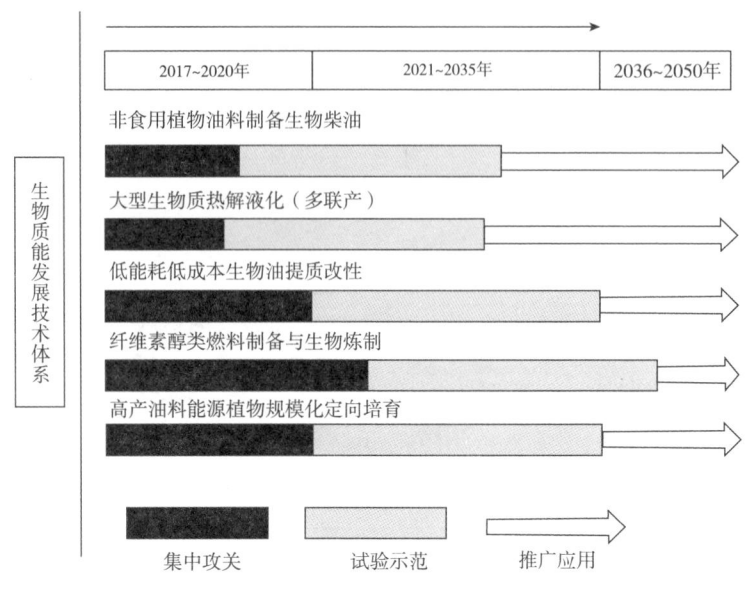

	2017~2020年	2021~2035年	2036~2050年
非食用植物油料制备生物柴油			
大型生物质热解液化（多联产）			
低能耗低成本生物油提质改性			
纤维素醇类燃料制备与生物炼制			
高产油料能源植物规模化定向培育			

集中攻关　　试验示范　　推广应用

图 5-5　生物质能技术发展路线图

生物质能发展目标：

2020 年，在目前的基础上，完成"双五"目标，即生物质能源开发利用率在目前的基础上提高 5 个百分点，能源利用效率提高 5 个百分点。

2035 年，在目前的基础上，完成"双二十"目标，即生物质能源开发利用率在目前的基础上提高 20 个百分点，能源利用效率提高 20 个百分点。

2050 年，基本实现生物质能源的全量化开发，生物质能源利用效率位居国际领先水平。

5.5　地热能技术发展路线图

5.5.1　重点发展技术

1）高温地热勘探和钻井技术

高温钻井技术是干热岩和深层高温地热发电开发的前提和关键技术，且成本较高，高温钻井技术的突破能有力促进深层高温地热发电产业的快速发展。根据西部地区高温地热资源赋存的地质特征，研究高温地热勘探的设备和钻井技术包括：高分辨率遥感技术等地球物理探测技术，提高勘探成功率；钻井围岩的稳定性控制技术，高温、高压、高钻速破岩技术；高温高压钻井液技术、抗高温固井水泥浆技术；钻井和成井技术，特别是井液漏失、套管热膨胀和定向钻井技术；压裂、层间阻隔、回灌、井下应力监测、流体循环示踪技术。

2）地热资源梯级综合开发利用集成核心技术

地热能开发利用在节能、减排、高效、稳定等方面具有很大优势。走节约型发展道路，构建资源循环型社会的经济建设方针，在西部地区经济建设和可持续发展进程中有着不可代替的作用，但西部地区地热开发利用的整体水平不高。地热综合开发利用集成核心技术包括:热泵循环工质特性研究及二氧化碳热泵技术；地热发电循环系统仿真与优化设计技术；地热发电系统及检测平台；地热防腐防垢、新材料技术。

3）地热多能耦合发电技术

西部地区太阳能、风能和水能资源丰富，地热发电可控可调，与其他能源在能源特点和利用方式上具有很强的互补性。开发地热能和其他能源混合动力发电系统的耦合技术，能加快实现可再生能源稳定、高效、规模化的供电模式。未来五年我国研发重点是：发电系统的耦合稳定性；变工况调控性、控制策略；全流式发电动力机设计参数优化；变负荷参数的匹配关系及动力部件核心技术；循环工质、能效与多能匹配及系统运行优化控制和策略技术。

4）干热岩和油田地热电站建设核心技术

干热岩和油田地热电站建设的核心技术包括：钻井和成井技术，特别是井液漏失、套管热膨胀和定向钻井技术；压裂、层间阻隔、回灌、井下应力监测、流体循环示踪技术；热储工程数值模拟技术：传热传质和力学全耦合模型，地热资源储量和热储寿命评估方法；油田伴生地热资源发电并网等技术。

5.5.2 技术发展路线图

为确定西部地区地热资源的发展战略规划，制定既积极稳妥又切实可行的技术发展目标和适合我国国情的技术路线非常重要。结合西部地区地热资源开发现状和技术水平，制定出我国西部地区地热资源技术和产业发展路线图，包括不同时间节点的分阶段发展目标和相应的行动方案、配套政策措施等，为预期目标早日实现提供保障。地热技术发展路线图如图5-6所示。

我国西部地区地热资源开发利用技术路线图主要分为四部分内容，即高温地热勘钻探、地热资源梯级综合利用、多能耦合发电，以及干热岩和油田地热电站。

	2017年	2020年	2025年	2030年
高温地热勘钻探	突破高温钻探开采、测井技术，建立资源评价体系	探明滇、藏、川西高温地热资源储量及分布，实现高温钻井技术标准化、完善评价体系		高温地热钻探、开采技术达到国际水平
地热梯级综合利用	开发地热防腐防垢、新材料技术，地热储层改造及回灌技术	推广动态监测采灌结合、联采联灌的地热梯级利用		实现地热发电梯级利用产业商业化，保持国际领先
多能耦合发电	优化太阳能、风能、水能高效系统集成技术，研发多能混合动力部件、接口技术	建立系统运行及维护标准化体系，形成系列配套技术达到商业化应用水平	水热型地热发电技术达到国际水平	
干热岩和油田地热电站	建立干热岩电站示范基地建立废弃油井改造地热发电示范工程	建立不同类型的干热岩示范基地，建立兆瓦级干热岩电站制定废弃石油井改造地热井技术标准		实现干热岩发电和油井地热发电商业化

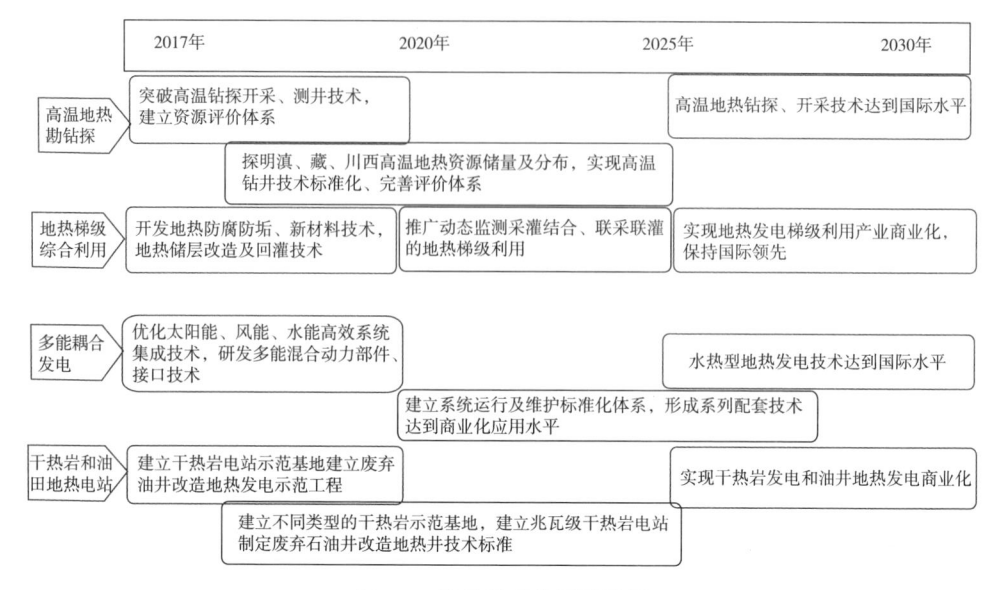

图 5-6　地热技术发展路线图

1）高温地热勘钻探（西藏、云南、川西及其他西部地区）

2017~2020 年，重点突破高温钻探开采、测井技术，建立资源评价体系，初步探明西藏、云南、川西高温地热资源储量及分布体系。

2021~2025 年，探明西藏、云南、川西高温地热资源储量及分布，实现高温钻井技术标准化、完善评价体系。

2026~2030 年，争取使高温地热钻探、开采技术达到国际水平。

2）地热梯级综合利用（新疆、广西、贵州及其他西部地区）

2017~2020 年，着力开发地热防腐防垢、新材料技术，地热储层改造及回灌技术。

2021~2025 年，推广动态监测采灌结合、联采联灌的地热梯级综合利用。

2026~2030 年，实现地热发电梯级利用产业商业化，继续保持国际领先。

3）多能耦合发电（西部地区）

2017~2020 年，在新疆、西藏、青海耦合太阳能，内蒙古耦合风能，云南、四川耦合水能，形成多能高效系统集成技术，研发多能混合动力部件、接口技术、模块化机组等。

2021~2025 年，建立多能系统运行及维护标准化体系，形成系列配套技术，达到商业化应用水平。

2026~2030 年，水热型地热发电技术达到国际水平。

4）干热岩和油田地热电站（西藏、青海、新疆及其他西部地区）

2017~2020 年，于西藏或青海建立干热岩电站示范基地，在新疆建立废弃油井改造地热发电示范工程。

2021~2025 年,建立不同类型的干热岩示范基地,建立兆瓦级干热岩电站,制定废弃石油井改造地热井技术标准。

2026~2030 年,实现干热岩发电和油井地热发电商业化。

5.6 核能技术发展路线图

5.6.1 重点发展技术

1) 自主先进三代压水堆技术

在中国 30 年核电站设计、建造、运营经验基础上,充分借鉴 AP1000、EPR（European pressurized reactor,欧洲压水堆）等先进核电技术,并考虑福岛核事故经验反馈,研发了中国自主知识产权的三代核电机型"华龙一号"HPR1000,提出并实现了"能动+非能动"的安全设计理念,采用"177 堆芯"设计和自主核燃料组件等自主设备,其示范工程已经开工建设。CAP1400 是我国具有自主知识产权的、基于世界先进的 AP1000 技术开发的三代核电技术,采用了非能动以及简化的设计理念,是国家重大科技专项的核心成果之一。

由于持续增加安全投入,三代核电站的经济性和市场竞争力必须进一步提升,包括通过优化反应堆设计、利用现代信息技术、大宗采购、模块化和标准化施工、全球供应链的合作、创新融资解决方案、支持性的监管和监督环境,以求最大程度缩短工期,提高热效率和反应堆利用率,继而提高核电的安全性和竞争力。

下一步发展应该认识到安全性和经济性是一致的,应从风险角度正确认识核安全,完善严重事故机理和缓解措施研究,并且采取耐事故燃料元件等新技术、新材料,结合数字化和人工智能技术,在新建核电站得到应用,达到简化系统设置、真正提高经济性的目标。特别是相关技术能够在在役核电站中改造应用,达到提升安全性、技术上实现减缓应急的目标,从而不断提升竞争力,实现规模化发展,达到核电安全高效、可持续发展。

2) 低温供热堆技术推广解决供热清洁能源替代问题

目前研发出的具有我国自主知识产权的池式低温供热堆,具有安全性高、零堆熔、零排放、易退役等显著特点。反应堆采用常压、低温、负反应性系数,通过水的自然循环带走反应堆热量,不会出现由于失水、失冷和功率失控等造成的堆芯熔融等事故,能够实现"零堆熔"。堆芯出口的水放射性极低,完全允许工作人员进行正常操作。通过设置中间隔离回路,可阻止放射性物质进入热网,实现放射性物质的"零排放"。因此可直接接入集中供热二级管网,供热距离可以达到 30~50 千米。供热堆系统简单,制造容易,工程实现性好,特别是水池屏蔽效应明显,放射性源项大大少于核电站,易于拆除、处理;产生的乏燃料统一由国家行业主管单位处理,厂区可以恢复绿色复用,易退役。现阶段已经在原型堆上做了改造,开始供热,下一步需要开展示范工程建设,验证核燃料和反应堆控制、燃料装卸等关键技术和设备及反应堆、热网耦合等技术是否具备推广的条件。

3)核能的其他利用方式

核能的其他利用方式包括:海水和废水的脱盐;居民区和商业建筑区域的供热;工业用工艺热的供应;燃料的合成;核电制氢。从近期来看,小型模块堆和高温气冷堆技术最成熟,其最具市场潜力的应用是为石油和化工工业生产出高质量的蒸汽,还可用于钢铁生产和氧化铝生产。

4)西部地区开发清洁能源基地需要解决的核能共性技术

在西部地区建设清洁能源基地,发展核电是调整能源结构、优化电力配置、提高电网安全性和稳定性的有力措施。同时,核能能够实现多用途利用,有助于当地经济发展。但是,针对西部缺水地区建设的核电项目,应开展空冷循环系统研究,针对空冷循环系统具有的背压高、有效焓降低及排气量高等特点,提出了汽轮机、凝汽器和空冷塔的技术方案。另外,根据液态流出物安全排放要求及国内外可用的放射性废液处理技术,提出了放射性废液最佳处理工艺技术,如采用絮凝注入和离子交换技术、连续电去离子(continuous electrode ionization,CEDI)电除盐除硼技术,蒸发处理工艺,结合应急处理预案,能够确保液态流出物安全排放。为保障其他清洁能源运行,开展核电调峰研究是必需的,核电站具备调峰能力,但是在安全、环保和后处理等方面会付出相应代价;为配合核能供热,反应堆技术与供热管网的适配性,还有核能制冷等领域亟须开展研究,以利于更好地推广。

5.6.2 技术发展路线图

核能技术发展路线图如图 5-7 所示。

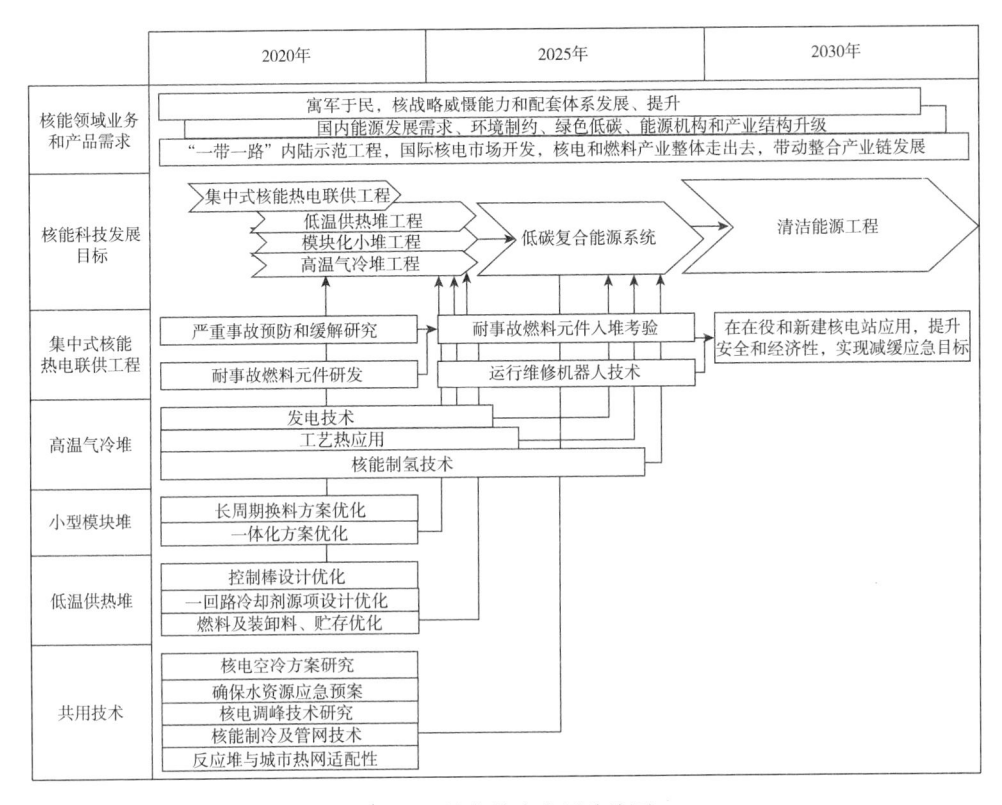

5 西部地区清洁能源发展技术和产业发展路线图

	2020年	2025年	2030年
核能领域业务和产品需求	寓军于民，核战略威慑能力和配套体系发展、提升 国内能源发展需求、环境制约、绿色低碳、能源机构和产业结构升级 "一带一路"内陆示范工程，国际核电市场开发，核电和燃料产业整体走出去，带动整合产业链发展		
核能科技发展目标	集中式核能热电联供工程 低温供热堆工程 模块化小堆工程 高温气冷堆工程	低碳复合能源系统	清洁能源工程
集中式核能热电联供工程	严重事故预防和缓解研究 耐事故燃料元件研发	耐事故燃料元件入堆考验 运行维修机器人技术	在在役和新建核电站应用，提升安全和经济性，实现减缓应急目标
高温气冷堆	发电技术 工艺热应用 核能制氢技术		
小型模块堆	长周期换料方案优化 一体化方案优化		
低温供热堆	控制棒设计优化 一回路冷却剂源项设计优化 燃料及装卸料、贮存优化		
共用技术	核电空冷方案研究 确保水资源应急预案 核电调峰技术研究 核能制冷及管网技术 反应堆与城市热网适配性		

图 5-7 核能技术发展路线图

核能发展目标：

2020年，"一带一路"核电及核能多用途示范工程发电，实现集中式核能热电联供，以及核能低温供热、模块化小堆及高温气冷堆等技术应用，构建核蓄及风光一体化示范基地，通过精准调峰或一体化运行，实现运行模式创新。

2035年，核能安全技术取得突破，造价更加具备竞争力，制氢技术取得技术突破，实现核能热、电、水、汽、氢多样化供应，与可再生能源和传统能源共建互补，将西部地区建设成为清洁能源基地，初步实现能源供应和资源利用示范工程。

2050年战略目标，核能技术持续创新，以快堆为代表的四代核能技术和聚变技术取得突破，能够实现能源丰富供应，不受资源限制，与清洁能源和传统能源深度耦合，构建低碳能源体系，实现能源向资源利用的转换。

5.7 支撑清洁能源消纳路线图

5.7.1 储能技术

储能技术的发展和推广,可以打破"发-输-供-用"瞬时平衡的传统概念,在波动性新能源装机容量不断增加、规模不断扩大的情况下,增加储能装置,能够提供快速的有功支撑,增强电网调峰调频能力,通过灵活充放电平抑可再生能源的波动、包容可再生能源的不确定性,有效提升新能源消纳能力,解决新能源大规模接入带来的安全稳定和消纳问题。

1) 重点发展技术

(1) 近期(2017~2020年)。掌握高安全固态锂离子电池和钠离子电池;完善长寿命、低成本铅炭电池技术;突破液流电池膜技术;电化学储能成本降到1 000元/千瓦时,循环寿命达到15 000次,突破吉瓦级储能电站集成、接入与能量管理技术并开展工程示范。

完善物理储能材料研发平台,掌握下一代物理储能材料的设计、理论计算和制备技术;掌握高效低成本的压缩空气储能、功率型的超级电容、飞轮储能等技术;压缩空气储能效率达到70%,成本降到3 000元/千瓦左右。

掌握广域分布的集中式及分布式储能在电力系统不同应用场景下的规划、调度等基础理论;掌握10万千瓦级动力电池梯次利用技术;完善安全评估技术与实验检测能力,建立储能综合评估体系。

(2) 中期(2021~2035年)。形成下一代储能研发能力和装置制备技术。通过突破高比能量电池技术,如金属空气电池,大幅提高电池的容量和单位储能密度,降低成本,并在电动汽车领域获得初步推广,促进V2G(vehicle to grid,车网互动技术)运行模式的广泛实现。相变储能技术实现低成本、高稳定性和高能量密度等核心技术的突破,重点突破化学储热、储冷关键技术,研制化学储热密度大于400千瓦时/米^{3}大容量高温储热装置,实现储热电站中的示范应用。攻克太阳能制氢等新型氢能储能应用关键材料及器件制备技术,储氢材料的重量百分含量突破5%,实现氢储能系统4万小时无故障运行,制氢效率提升至85%以上,太阳能制氢转换效率提升至60%以上。

掌握广域分布储能系统在电力系统中应用的耦合机制及控制管理技术;建立储能系统特性检测及综合评估体系;发展高效低成本分布式储能装置,普及分布式储能即插即用式接入电网技术。

(3) 远期(2036~2050年)。基于高效协同管理和统一规划,大容量、低成本、高安全的电化学储能,高效率、低成本压缩空气储能,大规模广域分布的高比能电动汽车移动式储能,蓄冷/蓄热相变储能及高效储氢等多种储能技术在能源转换和消纳各环节推广应用。储能在系统中的比例进一步增加,可支撑电网消纳高比例非水可再生能源发电电量。

海量分布式储能的聚合效应在新能源接入、用户互动等方面逐步凸显。伴随清洁能源大量分散接入和终端用户双向互动,储能系统的作用以能源互联为导向,形成以清洁能源为主导、以电为中心、多类型能源互联互通的格局,实现电-冷/热-气的多类型能源网络柔性互联、大容量协同运行、多时空联合调控。以储能为核心承载技术的多能互补、双向互动一体化示范工程将全方位实现第三次工业革命的发展愿景。

2)技术发展路线图

储能技术在我国还处于多种技术并存的发展初期,每类技术都有各自的优点和缺点,还没有形成主导性的技术路线,均面临着关键材料、制造工艺和能量转化效率等的共同挑战,未来规模化应用还需进一步解决稳定性、可靠性、安全性和经济性等问题,储能技术发展路线图如图5-8所示。

2017年	2020年		2035年			2050年
掌握高安全固态锂离子和钠离子电池;完善长寿命、低成本铅炭电池技术;突破液流电池膜技术	完善物理储能材料研发平台,掌握下一代物理储能材料的设计、理论计算和制备技术	完善安全评估技术与实验检测能力,建立储能综合评估体系	重点突破化学储热、储冷关键技术,攻克太阳能制氢等新型氢能储能及应用关键材料和器件制备技术	掌握广域分布储能系统在电力系统中应用的耦合机制及控制管理技术	电化学储能、压缩空气储能、高比能电动汽车移动式储能、蓄冷/蓄热相变储能及高效储氢等多种储能技术	海量分布式储能的聚合效应在新能源接入、用户互动等方面逐步凸显

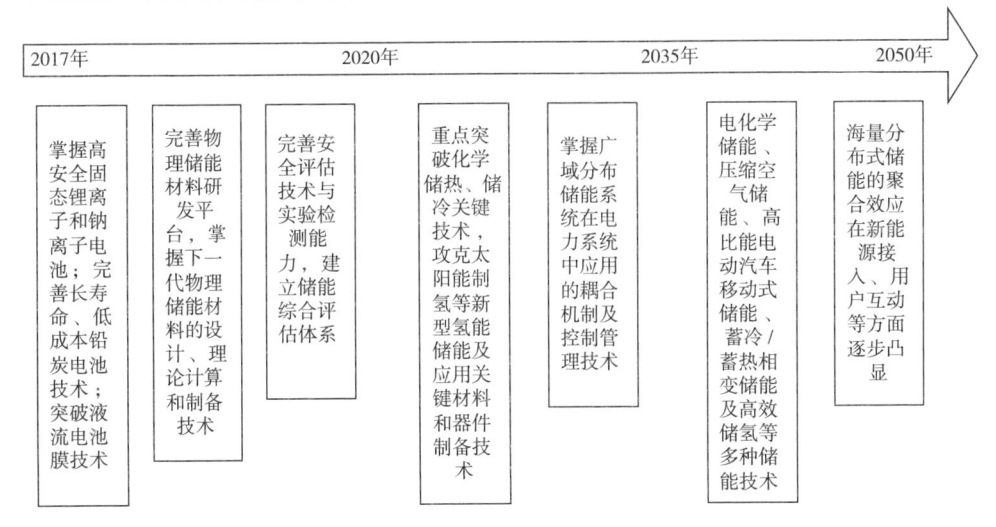

图5-8 储能技术发展路线图

储能发展目标:

2020年,储能规模达到4 200万千瓦,我国抽水蓄能累计装机为4 000万千瓦。实现1万千瓦/10万千瓦时超临界压缩空气储能的示范推广,10万千瓦级全钒液流电池、锂离子电池及1万千瓦级钠硫电池和碳铅电池的示范推广,以及0.1万千瓦/100万千焦耳飞轮储阵列机组示范。

2035年,储能规模超过1亿千瓦。实现1万千瓦/10万千瓦时超临界压缩空气储能的产业应用,兆瓦级飞轮储能的商业化应用,10万千瓦级全钒液流电池、锂离子电池及 1 万千瓦级钠硫电池和碳铅电池的产业应用。突破 1 万千瓦级超级电容器储能系统集成关键技术和 0.25 万千瓦/0.5 万千焦耳以上高温超导储能磁体设计技术。

2050 年，储能规模达到 2 亿千瓦以上。实现百兆瓦级超临界压缩空气储能的示范和产业化，兆瓦级飞轮储能成本大幅度降低。兆瓦级超级电容器示范应用，研发出大型高温超导储能装置及示范运行。

5.7.2　电网技术

1）重点技术

西部地区清洁能源资源富集，清洁能源资源绝大部分要转化为电力加以使用。然而，考虑到西部地区电力需求与负荷水平情况，在清洁能源高比例大规模开发趋势下，西部地区清洁能源在满足本地需求基础上，必须着眼考虑借助输电通道实现外送消纳，这就要求一方面加强清洁能源特别是可再生能源并网友好性，保证清洁能源"并得上、发得出"，另一方面要通过技术创新不断地提高输电能力，同时提高电网对可再生能源并网友好性，保证清洁能源"发得好"。为实现清洁能源有效开发和高效利用，必须注重电网领域技术创新，综合国内外相关研究报告材料，针对西部地区清洁能源开发，围绕构建西部地区坚强送端电网、西部地区高效送出工程、挖掘本地消纳潜力等方面展开，从涉及保障清洁能源高水平消纳的角度加以分析，着重从输电网技术、配电网技术、调度控制技术、负荷侧技术等角度形成支撑西部清洁能源开发的重点技术建议。

电网领域重点技术包括以下几点：

（1）输电网技术。输电网技术可以有效地扩大清洁能源消纳范围，提供强大的清洁能源资源配置能力，保证清洁能源大规模高比例的高效传输和利用。重点技术有：大容量、远距离输电技术与装备，特殊环境下超/特高压外绝缘技术，特高压工程防雷与过电压绝缘配合优化技术。西部地区直流输电网技术，研究西部地区直流电网的联网理论和规划技术；研究西部地区大规模水电、可再生能源发电、光伏发电集群的直流汇集技术；研究西部地区直流电网的运行控制技术，包括西部地区交直流大电网安全分析与仿真技术、适应西部地区大规模可再生能源接入和送出的控制保护技术等。电网柔性互联技术，重点研发大容量柔性直流换流器、统一潮流控制器、环网控制器、电力电子变压器、直流电缆等先进输变电装备，以及交直流电网智能调度、经济运行与安全防御系统。

（2）配电网技术。配电网技术直接对接用户，是清洁能源利用的最前沿环节，有利于清洁能源并网利用友好性，支撑清洁能源参与实现多能互补利用和综合能源服务。重点技术有：主动配电网关键技术，实现用电负荷的主动转移和中断，并结合电动汽车的充放电双功能的实现与快速应用，以及综合利用可再生能源发电等分布式电源，实现虚拟调峰，即组织高峰负荷向低谷转移、推动节约用电和推广使用电力洁净能源。考虑多能互补的智能配电网关键技术，重点研究受端综合能源电力系统规划运行技术，研究包含天然气、电力、供冷、供热的区域综合能源电力系统的规划技术，研究特定能源资源分布和冷、热、电负荷特性下地区及微型能源系统的优化运行策略。

（3）调度控制技术。调度控制技术是电网实现安全稳定运行和控制的关键，通过不断提升清洁能源功率预测水平、提高交直流混联电网运行控制水平，实现为清洁能源发展"腾空间"，为清洁能源电力生产和输送提供保障。重点技术有：大电网安全稳定运行和控制技术，突破特高压交直流电网的全电磁暂态建模和仿真技术、交直流电网安全稳定特性及薄弱环节量化分析技术、交直流混联电网控制保护协同技术、大电网监视/分析/控制技术及优化调度技术。新能源发电功率高精度预测技术，突破新能源资源数值模拟与气象预报技术、面向新能源电站集群的功率预测技术、面向分布式新能源的网格化功率预测技术、分散式可再生能源发电/分布式光伏发电区域联合预测技术。新能源发电优化调度技术，突破考虑新能源功率预测不确定性的随机优化调度建模方法，基于场景缩减的新能源随机优化调度模型求解方法，大规模新能源随机机组组合及并行化求解技术。风光等多种新能源联合发电和调度运行技术。

（4）负荷侧技术。负荷侧技术应用于清洁能源电力使用的最终环节，配合电源侧灵活调节能力建设，电网侧构建资源高效配置平台，通过深度挖掘负荷侧资源潜力，形成"源-网-荷"侧综合技术体系，将有效提升系统利用清洁能源水平。重点技术有：多元用户供需互动用电技术，突破电网与用户互动技术、高功率密度的电动汽车无线充电技术等。重点研发大规模用户与电网供需互动系统、满足用户个性化需求的定制供电装备、具备能源信息一体化特征的能源配送装备。配合可再生能源发电运行的需求响应技术（可平移、可中断负荷），结合不同时间尺度上的可再生能源发电预测及调度运行规则，适应可再生能源发电发展的多时间尺度渐进趋优的需求侧响应调度模式；根据电力负荷特性的统计分析，研究适应大规模新能源发电的供应侧与需求侧联合调峰技术。

2）技术发展路线图

电网关键技术路线图如图5-9所示。

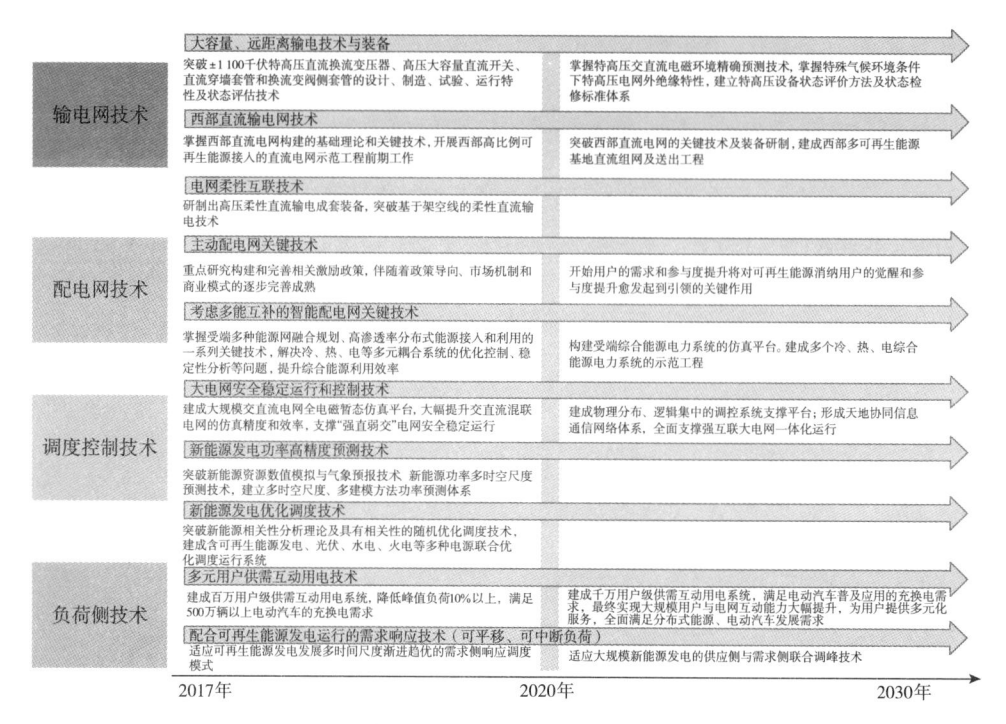

输电网技术	**大容量、远距离输电技术与装备** 突破±1100千伏特高压直流换流变压器、高压大容量直流开关、直流穿墙套管和换流变阀侧套管的设计、制造、试验、运行特性及状态评估技术	掌握特高压交直流电磁环境精确预测技术，掌握特殊气候环境条件下特高压电网外绝缘特性，建立特高压设备状态评价方法及状态检修标准体系
	西部直流输电网技术 掌握西部直流输电网构建的基础理论和关键技术，开展西部高比例可再生能源接入的直流电网示范工程前期工作	突破西部直流电网的关键技术及装备研制，建成西部多可再生能源基地直流组网及送出工程
	电网柔性互联技术 研制出高压柔性直流输电成套装备，突破基于架空线的柔性直流输电技术	
配电网技术	**主动配电网关键技术** 重点研究构建和完善相关激励政策，伴随着政策导向、市场机制和商业模式的逐步完善成熟	开始用户的需求和参与度提升将对可再生能源消纳用户的觉醒和参与度提升愈发起到引领的关键作用
	考虑多能互补的智能配电网关键技术 考虑端多种能源网融合规划，高渗透率分布式能源接入和利用的一系列关键技术，解决冷、热、电等多元耦合系统的优化控制、稳定性分析和利用，提升综合能源利用效率	构建受端综合能源电力系统的仿真平台，建成多个冷、热、电综合能源电力系统的示范工程
调度控制技术	**大电网安全稳定运行和控制技术** 建成大规模交直流电网全电磁暂态仿真平台，大幅提升交直流混联电网的仿真精度和效率，实现"强直弱交"电网安全稳定运行	建成物理分布、逻辑集中的调控系统支撑平台；形成天地协同信息通信网络体系，全面支撑强互联大电网一体化运行
	新能源发电功率高精度预测技术 突破新能源资源数值模拟与气象预报技术，新能源功率多时空尺度预测技术，建立多时空尺度、多建模方法功率预测体系	
	新能源发电优化调度技术 突破新能源相关特性分析理论及具有相关性的随机优化调度技术，建成含可再生能源发电、光伏、水电、火电等多种电源联合优化调度运行系统	
负荷侧技术	**多元用户供需互动用电技术** 建成百万用户级供需互动用电系统，降低峰值负荷10%以上，满足500万辆以上电动汽车的充换电需求	建成千万用户级供需互动用电系统，满足电动汽车普及应用的充换电需求，最终实现大规模用户与电网互动能力大幅提升，为用户提供多元化的可满足分布式能源、电动汽车发展需求
	配合可再生能源发电运行的需求响应技术（可平移、可中断负荷） 适应可再生能源发电发展多时间尺度渐进趋优的需求响应调度模式	适应大规模新能源发电的供应侧与需求侧联合调峰技术

2017年   2020年   2030年

图 5-9 电网关键技术路线图

5.8 小结

（1）风能重点技术：基于雷达、卫星的风能资源连续、多角度监测与评估；基于资源数值模拟与气象预报的风电功率预测；新型风电机组和一机一控的风电整机技术；15兆瓦级风电机组的试验检测技术；降低成本、提高效率的风电场智能运维技术；风电环境及电网友好型技术。

（2）太阳能重点技术：高效光伏电池组件、逆变器与系统管控技术；光伏储能电站技术；高压直流汇集技术；光伏光热一体化利用技术；槽式、塔式、碟式、菲涅尔式四种太阳能光热发电的聚光、吸热及电站储热技术。大幅度降低成本和电价。

（3）水能重点技术：流域水情预报、流域联合优化调度技术。发展重点：提升电力外送能力、优化电网运行方式、加快龙头水库建设、梯级流域优化调度及建立水电消纳保障机制，提高生态环境保护技术水平；流域水电的综合规划、灵活运行和调节，水电、风电、光电等多能互补，一体化管理和梯级电站联合优化调度，促进水电科学高效利用。

（4）生物质能重点技术：非食用植物油料制备生物柴油关键技术、大型生物质热解液化（多联产）技术与装备、低能耗低成本生物油提质改性关键技术、纤维素醇类燃料制备与生物炼制关键技术、高产油料能源植物规模化定向培育关键技术。发展重点：生物质液体燃料是西部地区生物质能源开发的战略重点。以开发油脂、淀粉和糖类能源植物和微藻等新型生物质资源为主，梯级利用、多联产的生物炼制是未来生物质液体燃料发展的重要技术方向。生物质与燃煤发电灵活混烧的降碳技术。

（5）地热能重点技术：高温地热勘探和钻井技术、地热资源梯级综合开发利用集成核心技术、地热多能耦合发电技术、干热岩和油田地热电站建设核心技术。

（6）核能重点技术：自主先进三代压水堆热电联供技术、高温气冷堆技术、多用途模块化小型压水堆和池式低温供热堆技术。

（7）储能重点技术：固态锂离子电池和钠离子电池、铅炭电池、液流电池膜技术，压缩空气储能、功率型的超级电容、飞轮储能等技术，高比能量电池技术，相变储能、电化学储能、压缩空气储能、汽车移动式储能技术。

（8）电网重点技术：大容量、远距离输电技术，西部直流输电网技术，电网柔性互联技术，主动配电网关键技术，考虑多能互补的智能配电网技术，大电网安全稳定运行和控制技术，多元用户供需互动用电技术，配合清洁能源发电的需求侧响应技术，高比例清洁能源发电的电网安全技术。

6 西部地区清洁能源发展建议

6.1 重大工程建议

1) 甘肃酒泉风电基地跨省消纳及外送工程

酒泉地区风能资源总储量1.5亿千瓦，可开发量4 000万千瓦以上，可利用面积近1万平方千米，已建成我国首个千万千瓦级风电基地。如何有效利用该风电基地的清洁电力是目前酒泉地区风电发展的首要问题。建设甘肃酒泉风电基地及跨省外送消纳工程，有助于推动甘肃风能-太阳能清洁能源基地建设，并对新疆、内蒙古等西部地区的风电等清洁能源开发产生示范和借鉴作用。

2) 青海海西太阳能基地消纳及外送工程

海西地区太阳能资源为全国第二高值区，年日照时数在3 200~3 600小时，具有非常高的投资价值。根据"十三五"规划，海西光伏装机容量将达到348万千瓦。如何对太阳能发电量进行有效消纳，是影响该地太阳能资源发展的重要因素。华中、华东地区经济较为发达，用电量大，但当地能源资源少，可通过±800千伏特高压直流输电工程将海西的清洁电力输送至华中、华东地区，既可实现全国能源清洁化的目标，又能促进海西地区清洁能源的发展，解决该地清洁能源的消纳问题。海西太阳能基地的建设，将推动青海清洁能源基地的建设进程，并对西藏、四川等西部地区的太阳能等清洁能源消纳提供借鉴。

3) 川、滇、藏大型水电基地开发和全国市场消纳利用工程

正在开发和未来待开发的重点大型水电基地多集中在川、滇、藏三省（区）。统筹考虑综合利用、生态保护、移民安置、区域发展需要，加快金沙江中下游龙头水库前期工作和建设。继续推进雅砻江两河口、大渡河双江口等水电站建设，增加"西电东送"规模。加强跨省界河水电开发利益协调，继续推进乌东德、白鹤滩水电站建设。根据水电项目前期工作情况，力争尽早开工建设，努力打造金沙江和西南跨界诸河等"西电东送"能源基地。做好电网与电源发展合理衔接，完善水电市场消纳协调机制，按照全国电力统一优化配置原则，落实西南水电消纳市场，加强西南水电基地外送通道规划论证，加快配套送出工程建设，积极推

进金沙江上游、金沙江下游、西南跨界诸河等水电基地外送输电通道论证和建设。

4）高度电气化智慧能源生态示范城市——甘肃敦煌

西部地区应依托国家清洁能源基地的优势，试点建设高度电气化城市，提高电能占终端能源消费的比例，减少二氧化碳等废弃物的排放，促进节能减排和环境保护，并对在全国范围内建设高度电气化城市起示范作用。按照"清洁高效、多能互补、分布利用、综合协调"的原则，面向终端用户电、热、冷、气等多种用能需求，因地制宜，统筹开发、互补利用传统能源和新能源。通过天然气热电冷三联供、分布式可再生能源和能源智能微网等方式实现多能互补和协同供应。为用户提供高效智能的能源供应和相关增值服务，同时实施能源需求侧管理，推动能源就地清洁生产和就近消纳，提高能源综合利用效率。

甘肃敦煌是中国太阳辐射量最高的区域之一，全年日照时数 3 257.9 小时，发展光电产业潜力巨大。且该地风能资源丰富，70 米高度年平均风速 6.91 米/秒，主导风向为西北风，是发展风电的理想区域。综合敦煌清洁能源资源情况可以看出，该地丰富的风能资源与太阳能资源非常适合作为高度电气化智慧能源生态示范城市。

建造高度电气化智慧能源示范城，不但可以增强当地城市可持续发展能力，并可建立适应城市清洁能源发展的管理体系和政策机制，为未来清洁能源体系成功实施起到示范作用。

6.2 科技攻关建议

1）高比例可再生能源电力系统安全运行技术

高比例可再生能源发电已成为全球广泛关注的未来电力系统清洁电力场景，我国提出了 2050 年实现 60%可再生能源电力系统蓝图。随着可再生能源在电力系统中所占比例的快速增长，我国西部部分省（区）的电源结构发生了显著的变化，风、光等波动性电源逐渐成为第二大主力电源。高比例可再生能源并网影响电力系统形态及运行机制，导致系统安全性和充裕度不足。未来高比例可再生能源接入电网后，将对电力系统形态及运行机制产生深刻影响，同步电源比例减少，系统安全稳定运行对可再生能源发电装备的依赖度大大提高。以未来高比例可再生能源并网的电力系统为研究对象，围绕如何确保高比例可再生能源条件下系统安全高效运行的重大科学问题，针对高比例可再生能源并网带来的多时空强不确定性和电力系统电力电子化趋势，研究未来电力系统优化运行技术和可再生能源发电并网主动支撑技术，保证系统安全可靠运行，对提高西部地区高比例可再生能源电力系统运行可靠性、促进可再生能源消纳和国家能源结构向清洁化转型有着重要的意义。

2）多种清洁能源互补协调技术

我国西部地区地域辽阔，资源禀赋较高，具有风、光、水、热等多种可再生能源，如青海省具有丰富的光照、光热、水能资源和干热岩资源，新疆和甘肃等省（区）具有丰富的风能资源。通过电网侧协调，实现更大范围内清洁能源的多能互补，可以有效提高西部地区能源系统的综合效率和可再生能源的消纳能力。将风能、太阳能、水能、地热能、生物质能与核能等清洁能源引入发电系统，利用水、热、电等多类能量的时空平衡作用，通过合理的协调配合，充分发挥各自优势，可达到极高的经济价值与环保价值，平抑清洁能源的波动性，并使多种电能在最大程度上进行消纳。因此，围绕如何利用可再生能源的时空互补特性和水、热、电多类能量的存储与调节能力的重大科学问题，发挥多种清洁能源的优势互补作用，研究电网侧及场站侧清洁能源的协调互补技术，对提高西部地区可再生能源的消纳能力、促进国家能源结构向清洁化转型有着重要的意义。

3）电力气象及清洁能源发电功率预测技术

西北地区风光资源储量丰富，但是气候恶劣、地广人稀，风光电站以及新能源输电线路的安全稳定运行受到气象灾害的影响，如北疆地区的电线覆冰、线路舞动灾害等，需要较高的运维成本；西南地区水系众多、海拔梯度大、水资源丰富，但是也面临气候变化情况下水文气象灾害、输电线路覆冰、暴雨洪涝、泥石流滑坡等电力气象相关灾害的威胁。未来需要加大定制化电力气象研发力度，针对西部地区清洁能源发电、输电的各个环节，进行电力气象灾害的天气条件、气候态分布、孕灾因子、致灾阈值、灾害模型等的分析研究，建立业务化电力气象数值预报模式，向发电调度部门、运维部门提供灾害预报产品，为西部地区清洁能源高效高比例应用提供保障支撑。

西部地区风光资源丰富，开发潜力巨大，是我国清洁能源的主要输出端。可再生能源资源评估是开发规划最为关键的第一步，可以有效减少新能源场站因评估误差导致的发电量不足或溢出问题。建立精细化可再生能源数据库，并深入研究可再生能源特性，如波动性与间歇性，全方位对可再生能源进行评估。通过改进算法、精细建模、与大数据结合分析等方式，提高可再生能源的预测精度，降低其对电网稳定性的影响。

4）风电、光伏基地智能运维技术

西部地区复杂的地形条件和环境条件，以及集中连片开发的千万千瓦级风电基地和光伏基地等因素，给风电机组、风电场及光伏电站的运维带来了很大的挑战，同时当前蓬勃发展的"大云物移"等新兴技术的应用又给提升新能源运维技术水平带来了新的机遇。研究基于大数据、互联网和智能传感等的新能源机组/新能源场站健康评估诊断技术和发电性能评估及优化技术；研究基于机组动态特性、环境因素及数据挖掘的人工智能群控技术；深入研究风电/光伏基地的运行特性，研究大量集中运行新能源机组的综合运维技术。通过风电、光伏发电智能运维技术的研究和综合运维系统的开发应用，提升西部地区清洁能源发展水平，提高发电量，降低运维成本。

5）可再生能源发电基地直流外送系统的稳定控制关键技术

在西部地区建设千万千瓦级风电/光伏基地、利用特高压直流将电送出是我国可再生能源开发利用的主导形式。可再生能源发电基地直流送端系统，包含可再生能源发电、无功补偿、直流输电、同步发电机等多样化装备，电力电子装置容量大于同步发电机容量，同步机主导特性弱化，系统有效惯量低、短路比小、暂态控制能力弱。宽频带（数赫兹-千赫兹）振荡问题频发、交/直流故障时系统暂态稳定性恶化，成为制约可再生能源跨区消纳的两大核心问题。

研究可再生能源发电基地直流外送系统的稳定控制关键技术，着力解决两大科学问题：①多样化装备动态相互作用及宽频带振荡机理；②复杂控制作用下多机多时间尺度暂态过程耦合机理及系统暂态行为演化规律，次/超同步振荡抑制与暂态稳定控制关键技术。研究成果将有助于解决新疆、甘肃千万千瓦级可再生能源基地宽频振荡和直流功率受限问题，提升我国大规模可再生能源并网消纳水平，促进经济社会可持续发展。

6）高效低成本太阳能电池技术

作为光伏发电系统的核心，太阳能电池技术一直制约着太阳能的利用。太阳能电池主要有晶体硅电池、薄膜电池和各种新型太阳能电池，其中，晶体硅电池和薄膜电池已成规模，新型太阳能电池技术的研究在不断进行。提高转换效率及降低制造成本是未来太阳能电池技术主要发展方向。晶硅电池、薄膜电池［含硅基薄膜电池、CdTe 电池、CuInxGa（1-x）Se2 电池］、钙钛矿太阳电池、染料敏化电池等由于特性不同，将占领不同特定市场。在薄膜电池方面，开展 CdTe 太阳能电池、CuInxGa（1-x）Se2 太阳能薄膜电池、硅基薄膜电池产业化技术研究，研究成套生产线装备中关键核心装备的设计，定制加工和集成是我国薄膜电池技术要解决的关键问题。在新型电池方面，今后继续开发面向产业化的钙钛矿电池、钙钛矿叠层电池、Ⅲ-V族化合物电池等新型电池产业化技术，面向前沿的染料敏化电池、有机电池、量子点电池、叠层电池、硒化锑电池、铜锌锡硫钠晶电池、Ⅲ-V族纳米线电池等新型电池的高效制备技术。

7）陆上风电机组整机技术

随着技术发展，风电机组整机装备正向着特型化和大型化方向发展。未来，陆上风电机组需重点研究大容量高可靠性的关键部件，包括 120 米超大型风电叶片、传动链（齿轮箱、发电机、变流器），以及与之配套的轴承、基础、塔架等关键部件的设计、制造及试验技术，为 100 万千瓦样机配套。大力研发、应用风电机组叶片的监测控制技术、新型结构，以及碳纤维和高模高强玻璃纤维等新型材料。加强齿轮箱功率分流方式、均载形式等关键技术研究,在降低增速比、行星轮均载柔性轴设计和降低噪声方面实现技术突破。采用轴承新结构、新材料、新工艺,以解决轴承寿命、承载能力、可靠性等问题。更广泛地应用通过全功率逆变器并网的发电机,如永磁或电励磁同步电机。同时,高温超导、中压发电机应用、碳纤维复合材料应用技术需要更广泛的应用推广。

8)多能种系列化的规模化储能技术

储能技术的发展和推广,可以打破发-输-供-用瞬时平衡的传统概念,在波动性可再生能源装机容量不断增加、规模不断扩大的情况下,增加储能装置,能够提供快速的有功和无功支撑,增强电网调峰调频能力。储能包括储电、储热、储冷等多种能量储存形式,储能技术包括抽水蓄能、压缩空气储能、飞轮储能、相变储能、超导电容器储能、电化学储能、用电侧的"虚拟蓄能"等。由于不同储能技术具有不同优势和适用性,电力系统的实际工作情况使得单一储能技术难以满足所有要求,因此,必须要对各种储能技术进行复合和规模化利用。

规模化储能技术应用的关键技术主要包括:各种储能本体技术;基于新型电力电子器件和拓扑结构的高效、高可靠、低成本能量转换技术;储能在电力系统中应用的耦合机制及控制管理技术;储能大规模系统集成技术;分布式光伏/储能一体化集成技术;含储能的分布式发电系统规划与运行控制技术;储能系统提高新能源发电接入能力的规划与运行控制技术;储能系统检测及并网特性评价技术。

9)生物质液体燃料关键技术

研究非食用植物油清洁高效转化生物柴油技术;开发连续式高效转化和分离技术及装备;以非食用植物油料原料,集成创新制备生物柴油工艺技术与装备,建立万吨级生物柴油示范应用工程,实现非食用植物油清洁生产生物柴油规模化工程示范应用。建立和完善生物质定向热裂解液化技术工艺体系;开发低能耗、低成本、原料适应性广的先进生物质选择性热裂解技术,解决设备大型化和连续运行中的强化传热、过程控制和能量梯级利用等关键问题;开发大型生物质热解制备液体燃料装备。

开发低能耗低成本生物质热解液体燃料提质改性技术和低成本催化剂,解决热解油转化为高品位动力燃料过程中的催化酯化、加氢、裂化等关键技术;开展热解油高效乳化、燃烧、热解副产物的高效协同利用等研究,解决热解油分质利用、副产物高值利用等问题。进行废弃物制备生物醇及精炼技术与装备集成研究,实现生产过程绿色、清洁及产品多元联产和终端产品高值化,建成万吨级示范工程。同时,开展高产油料能源植物规模化定向培育关键技术与示范。

10)太阳能制氢技术

太阳能制氢是一种清洁化技术,通过太阳能制氢并储氢,解决太阳能低密度和不稳定的缺陷,主要有太阳能发电电解水制氢、太阳能热解水制氢、太阳能热化学循环裂解水制氢、太阳能光生物化学制氢，以及太阳能光电化学制氢等。太阳能电解水制氢需要重点攻关的关键技术包括氢气的安全储存技术、浮动电压和电流的稳定技术、不同功率条件下并网送电与电解水之间的切换技术，以及能够满足这些特殊需求的逆变器和控制器等。太阳能热解水制氢和太阳能热化学循环裂解水制氢技术的关键在于创造足够高的温度以分解水。太阳能光化学制氢技术的难点在于寻找更加便宜、可在室温下发挥作用的催化剂等。

6.3 政策建议

1）重视西部地区清洁能源消纳问题，减少"三弃"

西部地区是我国清洁能源基地，发展西部地区清洁能源是我国能源结构调整的重点。近年来，西部地区清洁能源消纳问题形势严峻。"十三五"期间，加大西部地区甚至全国的清洁能源消纳力度，是我国能源结构调整的重点。西部地区需重视"三弃"问题，通过在源、网、荷侧的多种技术手段和市场机制的建立，提高清洁能源消纳能力。

一是科学有序发展各类电源，科学确定新建电源项目规模和电源结构，确保电力系统有足够的调峰能力。严格落实国家有关文件规定，优化新能源开发布局，严格控制新增火电（尤其是供热）、核电装机容量，合理控制自备电厂发展规模；加快规划和建设抽水蓄能电站；开展小容量背压机组替换老旧大容量抽凝机组工作。

二是加强调峰电源管理，实施热电解耦，提高系统调峰能力。严格控制常规火电供热改造，鼓励热电机组加装储热装置或电锅炉、抽凝机组改造成抽凝背机组等措施，促进热电解耦；落实自备电厂参与系统调峰的相关要求；抓好用户侧"虚拟调峰"。

三是尽快建立有效的全国电力市场。在全国统一市场框架下，西部地区清洁能源将通过跨省跨区中长期交易实现资源的大范围优化配置，通过灵活的短期交易消解新能源波动性带来的调峰调频问题，逐步过渡到包括中长期市场和现货市场在内的完整市场体系，通过发挥新能源边际成本低的优势实现优先消纳。引入容量电价和辅助服务机制，激励提供容量和辅助服务。以市场价格和节能调度代替标杆电价和发电量计划，形成"发电价格=电量电价+容量电价+辅助服务价格"的价格体系，改变传统火电行业的规模扩张驱动和发展模式，更加注重提高电力灵活性。

四是优化对可再生能源发电的补贴。在推进竞价上网的同时，适时改革可再生能源发电补贴机制，可参考西班牙、丹麦等国的经验，把可再生能源固定上网电价转变为"市场电价+溢价补贴"，即新能源发电与传统水火电一起参与能源竞价，政府在竞价的基础上给新能源一个额外的浮动补贴，从而继续保证一定时期内可再生能源发电的收益，实现市场竞争机制与扶持政策的结合，并降低补贴资金的总体需求。

五是试点建设西部地区清洁能源发展特区。特区内的西南水电、青海太阳能、甘肃风电等地区清洁能源互补协调发电，在全国范围内优化配置与消纳，加快西部清洁能源发展，实现100%消纳。

2）建设西部地区清洁能源国家级实验室，加强人才培养与国际合作

西部地区是清洁能源资源的富集区，是清洁能源开发利用技术研发的天然试验场，具备建立为大学、科研院所、企业和技术咨询机构提供基础研究和技术创新的国家级实验室所需的必要条件；此外，西部地区清洁能源的发展反映了我国清洁能源的发展历程，因此也具备建设清洁能源发展史和科普教育基地的条件。在西部地区建设清洁能源国家级实验室，不仅较为容易采集到第一手数据，有利于科学研究；更可为西部地区提供大量的人才，促进西部大开发的进程。同时可通过实施国际培训计划、聘请国际知名专家、举办国际清洁能源研讨会和引进国外先进技术装备等方式加强人才培养与国际合作。

3）在"一带一路"背景下，建立清洁能源合作战略政策

"一带一路"贯穿了亚欧非大陆，为中国与沿线各国在清洁能源领域的合作带来了重要契机，应抓住机遇，建立清洁能源合作战略措施。可通过具体合作项目的制定和实施加强在清洁能源领域的合作，加强价值观交流、技术交流。加强价值观交流有助于双方保持沟通顺畅，增加互信，共同促进项目的进展；加强技术交流有助于清洁能源的高效利用，建立和完善中国与沿线各国之间的多重清洁能源合作机制，实现互利共赢。由于"一带一路"清洁能源合作尚处于初期阶段，国际合作在很大程度上取决于双方的意愿和互信程度。可用机制规范和保障国际清洁能源的合作，降低风险，使清洁能源国际合作成为建立人类命运共同体的重要纽带和桥梁。

4）扩大清洁能源扶贫自强政策

在大力发展西部地区清洁能源的基础上，建立并扩大扶贫自强政策。借助清洁能源开发利用，以原有城镇和集中居民点为依托，建设清洁能源全过程的服务基地和生活区，并配套相应的社会服务设施，形成工程建设和服务中心，扩大城镇规模并提升城镇功能，带动交通、通信、电力、水利等基础设施的建设，为加快城镇化发展提供物质支撑。积极利用清洁能源投资的乘数效应以及清洁能源产业的关联效应拉动城镇经济，培育城镇发展的内在动力。依托工程建设，发展城镇非农产业，为农村劳动力转移创造就业机会，吸引人口向重点城镇集聚，显著提升其城镇建设水平和农村现代化水平，做到"外扶及自强"结合，由输血变造血。

5）建立以发展清洁能源为核心的考核政策和保障性机制

从财税、土地、金融、政府考核机制等多方面给予支持，促进西部地区清洁

能源发展和在全国的消纳。在新增和现有输电通道规划、设计、计划和调度中，需要优先保障输送风能、太阳能、水能等清洁能源所发电量，进一步挖掘现有通道输电能力，加快外送通道建设。坚持清洁、低碳的能源发展方针，优化调整西部地区能源资源，促进煤炭、天然气资源化利用，减少煤炭、天然气的发电量，通过一系列保障性措施推动西部地区清洁能源基地建设、电力外送和就地消纳，推动西部产业和能源结构转型升级。在政府绩效考核和激励机制中，突出清洁能源的地位，将清洁能源发展指标，如清洁能源产业占GDP的比例、弃风弃光率、清洁能源产业增长率、清洁能源发电量比例等纳入政府考核机制，研究并实施绿色GDP考核。

6）建立与全国人才共享制度

在西部地区建立促进地区内和地区外人才交流与互动的系统，构建一个有利于其知识、经验与技能交流的环境。对于西部清洁能源开发利用而言，具有流动性、创造性、稀缺性等特征的科技人才的重要作用不断凸显。人才共享制度的建立能够加速不同单位、不同部门、不同领域科技人才的交流互动，是提升人才创造力，提升西部地区清洁能源开发整体创新能力的有效手段。

人才共享方式在运行模式上可以分为计划型和市场型；在实现形式上可以分为委托、借调、合作等方式。通过构建人才资源多维度分类体系，搭建人才资源共享信息平台，设计人才资源共享激励考核制度，能够明确人才共享主体组成，合理选择共享方式，促进西部地区乃至全国范围内人才共享顺利进行。

参 考 文 献

白宇. 2016-05-23. 生物质能仍为农村家庭能源"主心骨"[N]. 中国电力报, 003.
柴靖宇. 2010. 间接空冷技术在 AP1000 核电站常规岛应用研究[C]. 中国电机工程学会年会.
陈墨香, 汪集旸. 1994. 中国地热资源——形成特点和潜力评估[M]. 北京：科学出版社.
陈子斌. 2013. 国外内陆核电厂情况整理与分析[J]. 能源研究与管理,（1）：15-21.
丛宏斌, 赵立欣, 姚宗路, 等. 2013. 生物质环模制粒机产能与能耗分析[J]. 农业机械学报, 44（11）：144-149.
多吉. 2003. 典型高温地热系统——羊八井热田基本特征[J]. 中国工程科学, 5（1）：42-47.
多吉, 郑克棪. 2008. 中国地热发电现状及前景分析[C]. 科学开发中国地热资源高层研讨会.
多吉, 曾毅, 焦兴义, 等. 2007. 西藏地热发电的回顾与思考[C]. 全国地热资源开发利用与保护考察研讨会.
国家电网有限公司. 2016. 促进新能源发展白皮书[R].
国家发展和改革委员会. 2016. 可再生能源发展"十三五"规划[R].
国家发展和改革委员会, 国家能源局. 2016. 能源发展"十三五"规划[R].
国家发展和改革委员会, 国家能源局. 2016. 电力发展"十三五"规划（2016-2020 年）[R].
国家能源局. 2016. 生物质能发展"十三五"规划[R].
国家统计局能源统计司. 2006. 中国能源统计年鉴 2005[M]. 北京：中国统计出版社.
国网能源研究院. 2011. 2011 中国发电能源供需与电源发展分析报告[M]. 北京：中国电力出版社.
国网能源研究院. 2016. 2016 年中国新能源发电年度分析报告[R].
马晓波, 王继亮. 2015-01-16. 华能启东风力发电场噪声扰民 环保要求未落实[EB/OL]. http://news.ifeng.com/a/20150116/42950981_0.shtml.
黄其励, 高虎, 赵勇强. 2011. 我国可再生能源中长期（2030、2050）发展战略目标与途径[J]. 中国工程科学, 13（6）：88-94.
路甬祥. 2014. 清洁、可再生能源利用的回顾与展望[J]. 科技导报, 32（28）：15-26.
南方电网公司. 2016. 中国南方电网"十三五"科技发展规划[R].
南方电网公司. 2016. 中国南方电网 2015 企业社会责任报告[R].
潘根兴, 张阿凤, 邹建文, 等. 2010. 农业废弃物生物黑炭转化还田作为低碳农业途径的探讨[J]. 生态与农村环境学报, 26（4）：394-400.
汪集旸. 2012. 能源环境危机下的地热能开发[J]. 科技导报, 30（4）：3.
王尔德. 2016-12-06. 国家能源局："十三五"生物质能产业新增投资约 1960 亿元[N]. 21 世纪经济报道, 006.
王贵玲, 刘志明, 蔺文静, 等. 2011. 中国地热资源潜力评估[C]. 地热能开发利用与低碳经济研讨会——中国科协年会第十四分会场.

王贵玲，张发旺，刘志明. 2000. 国内外地热能开发利用现状及前景分析[J]. 地球学报，21（2）：134-139.

杨晓琴，黄元波. 2016. "一带一路"背景下云南省生物质能源发展的机遇与挑战[J]. 绿色科技，（8）：119-120.

郑惊鸿. 2016-06-25. 生物质能源产业对接精准扶贫前景广阔[N]. 农民日报，003.

郑克棪，潘小平. 2005. 中国地热勘查开发100例[M]. 北京：地质出版社.

中国电力企业联合会. 2017. 2016年电力工业统计快报[Z].

周孝信，鲁宗相，刘应梅，等. 2014. 中国未来电网的发展模式和关键技术[J]. 中国电机工程学报，34（29）：4999-5008.

朱敏. 2017-01-06. 鼓励转型发展生物质能源产业[N]. 长沙晚报，A18.

Abbasi M，Monazzam M R，Akbarzadeh A，et al. 2015. Impact of wind turbine sound on general health，sleep disturbanceand annoyance of workers：a pilot-study in Manjil wind farm，Iran[J]. Journal of Environmental Health Science and Engineering，13（1）：1-9.

Arezes P M，Bernardo C A，Ribeiro E，et al. 2014. Implications of wind power generation: exposure to wind turbine noise[J]. Procedia-Social and Behavioral Sciences，109：390-395.

King E A，Pilla F，Mahon J. 2012. Assessing noise from wind farm developments in Ireland：a consideration of critical wind speeds and turbine choice[J]. Energy Policy，41：548-560.

Laratro A，Arjomandi M，Kelso R，et al. 2014. A discussion of wind turbine interaction and stall contributions to wind farm noise[J]. Journal of Wind Engineering and Industrial Aerodynamics，127：1-10.

Pedersen E. 2011. Health aspects associated with wind turbine noise-results from three field studies[J]. Noise Control Engineering Journal，59（1）：47-53.

Punch J，James R，Pabst D. 2010. Wind-turbine noise：what audiologists should know[J]. Audiology Today，（7~8）：20-31.

Wasala S H，Storey R C，Norris S E，et al. 2015. Aeroacoustic noise prediction for wind turbines using large eddy simulation[J]. Journal of Wind Engineering and Industrial Aerodynamics，145：17-29.

Zajamšek B，Hansen K L，Doolan C J，et al. 2016. Characterisation of wind farm infrasound and low-frequency noise[J]. Journal of Sound and Vibration，370：176-190.

附　录

西部地区清洁能源资源和开发利用概况

指标	风能			太阳能			水能	
				光伏发电量		太阳能热发电可安装容量/亿千瓦		
技术可开发量	类型	资源量/亿千瓦	占比	坡度小于等于3度/万亿千瓦时	坡度小于等于6度/万亿千瓦时	650	资源量/亿千瓦	占比
	100米高度	30.5	78%	3.5	4.08		5.4	81.7%
	低风速	1.6	32%					
经济可开发量	成本电价/(元/千瓦时)	资源量/亿千瓦时		—			—	
	0.47	48 972.3						
	0.50	50 981.0						
	0.54	52 561.9						
	0.60	53 949.5						
开发利用现状	累计并网容量/万千瓦	并网容量占比	2016年发电量/亿千瓦时	发电量占比	累计并网容量/万千瓦	并网容量占比	2016年发电量/亿千瓦时	发电量占比	累计并网容量/万千瓦	并网容量占比	2016年发电量/亿千瓦时	发电量占比
	7 258	49%	1 076	45%	4 100.5	53%	403	61%	21 178	64%	7 869	67%

续表

指标	生物质能					地热能		核能
资源储量	农作物秸秆/亿吨		禽畜粪便/亿吨	林业剩余物/万立方米	能源植（作）物/亿吨标准煤	高温地热/亿吨标准煤	中低温地热/亿吨标准煤	铀资源占全国总储量的52.21%
	理论资源量	可收集量	9.01	2 191	0.08（2020年），0.12（2030年）	150	5 000	
	2.65	2.30						
开发利用现状	生物质直燃发电	沼气	生物质成型燃料	生物质液体燃料		12台机组，装机容量2.8万千瓦		217万千瓦，占全国核电装机的6.5%；发电量97.4亿千瓦时，占全国核电发电量的4.8%
	装机容量30.3万千瓦（2016年）	户用沼气数1632万户(2016年)	800万吨（2016年）	燃料乙醇年产量约260万吨，生物柴油年产量约110万吨（2017年）				